Caminando Juntos

Espiritualidad matrimonial para una época digital

P. Adolfo Güémez, L.C.

Caminando Juntos

Espiritualidad matrimonial para una época digital

P. Adolfo Güémez, L.C.

Caminando Juntos
Nihil obstat: P. Paul Lara, L.C.
Imprimatur: Mons. José María de la Torre Martín,
obispo de Aguascalientes.
Primera edición: noviembre, 2020.
Diseño Portada e interiores: Pedro Cervantes Carlos
Edición de videos: disdigitalmeel@gmail.com

ISBN: 978-607-98900-5-6

www.padreadolfo.com
Impreso en México
Printed in Mexico

¡Venga tu Reino!

Dedicatoria

A los cientos de matrimonios con los que me he encontrado en este camino. De manera especial a aquellos que me acompañan en el apostolado diario. ¡De todos he aprendido y sigo aprendiendo!

ÍNDICE

Oración a la Sagrada Familia

Sagrada Familia, estamos aquí porque nos queremos, y deseamos que nuestro amor crezca cada día más.

Sabemos que el matrimonio es una invitación a la felicidad.

Ayúdennos a vivir cada paso de este camino bien agarrados de la mano, y teniendo a Dios en el centro de nuestros corazones.

Hoy queremos consagrarles nuestro hogar, y por ello nos comprometemos a luchar para que sea como el de ustedes: un lugar donde se perdonan todas las ofensas, se reza juntos cada día, se vence la rutina con amor, y se busca amar a Dios por encima de todo.

Sagrada Familia de Nazaret, hoy nos ponemos en sus manos para que jamás nos suelten. Queremos que nuestro matrimonio sea como el de ustedes: una familia donde siempre reine el amor.

Así sea.

PRÓLOGO

Estando en una renovación matrimonial hace un par de años, tengo grabada la imagen del Padre Adolfo, impartiendo sus reflexiones con singular alegría, ofreciendo espacios de escucha y diálogo a las parejas con un gran celo apostólico de acompañarnos, sonriendo al vernos en los momentos de convivencia y juego en pareja, compartiendo la vida con nosotros. Pero, sobre todo, lo recuerdo de rodillas en la Capilla orando e intercediendo por todos los matrimonios que estábamos viviendo la experiencia de renovar nuestro amor. Esta imagen me marcó.

Soy testigo de la gran admiración que el Padre Adolfo tiene por todos quienes hemos sido llamados a la vocación y al sacramento del matrimonio. El es un gran devoto de la Sagrada Familia, y reiteradamente, nos invita a encomendarnos a Ella para que nuestras familias sean lugares de oración, donde se abrace la cruz, reine la alegría y se viva el amor.

He tenido oportunidad de leer detenidamente cada página de este libro, que aporta una descripción clara de la misión que tenemos los esposos, el llamado a ser felices, y la importancia de que cada hogar sea un taller de felicidad.

Los medios espirituales de crecimiento matrimonial que aquí encontré, nos dan una guía para trazar un mapa y caminar juntos, con la mirada puesta en ayudarnos como esposos, el uno al otro, para alcanzar la santidad y llegar al cielo, cumpliendo así nuestra misión, y viviendo desde ahora, un cielo anticipado en cada hogar.

Diana Villarreal de Fernández
Directora de Familia Unida Internacional

INTRODUCCIÓN

www.padreadolfo.com/cjintro

Dios nos quiere felices, ¡y punto! El problema está en cómo lograrlo.

Cada ser humano tiene un camino por delante. Y es su responsabilidad poder hacerlo de la mejor manera. Este camino se llama vocación. Si están leyendo esto es porque probablemente la suya es el matrimonio.

A mí me apasiona el matrimonio. Soy sacerdote, pero admiro a los casados: de ellos aprendo mucho cada día.

En mis años de ministerio puedo decir que he entrado en contacto con cientos de parejas. Y de cada encuentro guardo una lección.

Esto me ha llevado a la convicción de que el matrimonio es una vocación llena de amor, de entrega, de ilusión y de esperanza. Un camino que no está exento de dificultades; porque la vida tampoco lo está. Lo que importa es saber que vencerlas vale la pena, pues detrás de cada una de ellas hay una promesa de plenitud y crecimiento.

No obstante, la lucha es tan fuerte que se necesita de una estrategia, de un camino a seguir. En este libro van a encontrar un mapa que les ayudará a conseguirlo.

Dios quiere matrimonios felices

¿Qué es la felicidad? Es la realización plena y total del ser humano.

¡Dios quiere esto para ustedes! ¡Jamás lo duden!

El plan de Dios es siempre positivo. No se impone, se propone. No fuerza, nos invita.

Dios no nos quiere felices sólo en el cielo. Es más: Él desea que construyamos nuestra felicidad eterna con los ladrillos de nuestra felicidad terrena.

Cada hogar ha de ser un taller de felicidad. Tal vez pensamos en esto como en una fábrica de chocolates. Pero no…

No hacen falta muchos meses de matrimonio para darse cuenta de que la convivencia diaria a veces cansa. Porque el matrimonio no es un camino de dulces, sino de rosas, y éstas tienen espinas. Y cuando nos clavamos alguna solemos gritarle a Dios: «No entiendo nada, ¿no que me quieres feliz? ¿Por qué entonces permites que esta espina me esté haciendo tanto daño?»[1]

No lo olvidemos: a veces las rosas más hermosas son las que más espinas tienen. Su belleza y aroma van de la mano con la posibilidad de producir algunos rasguños.

Hay que ser realistas. Para ser feliz se necesita asumir que el sufrimiento es parte de la vida. Pero no con

[1] Cf. *2Cor* 12,7-9

resignación, sino con una profunda confianza. Porque quien tiene esperanza sabe que todo, absolutamente todo, contribuye para su bien[2].

Una sólida espiritualidad

Llegar a tener esa certeza requiere de una sólida espiritualidad.

Hace poco construimos una cancha deportiva. Yo pensaba que el arquitecto iba a colocar el tartán, las redes y demás aditamentos directamente en el lugar donde se le había indicado. Pero no, antes de siquiera pensar en la misma cancha, fue necesario escarbar, cimentar y colocar una placa de concreto que asegurara que la cancha no se caería a pedazos ante el primer pelotazo.

Los novios, cuando piensan en el matrimonio, con frecuencia imaginan lo hermoso de levantarse juntos, las vacaciones, las reuniones con los amigos, las risas de los hijos, los paseos, etc. Y todo eso está muy bien. Pero antes, hace falta cimentar, asegurar que lo que se construya sobre él quede seguro. Eso, en el matrimonio, se llama espiritualidad.

La espiritualidad no es solamente la religión a la que pertenecen, los momentos de oración o los sacramentos que reciben. Consiste en una manera de vivir, en sus actitudes, virtudes y apertura a Dios.

---

[2] *Rm* 8,28

Por eso en este libro encontrarán, en primer lugar, las columnas espirituales que han de adquirir para dar seguridad a su matrimonio, sin importar los pocos o muchos años de casados. Luego, las líneas de espiritualidad, que son como el marco alrededor del cual se levanta esta construcción. Posteriormente, ofreceré los materiales para hacerlo, que son los medios de crecimiento matrimonial que considero esenciales en toda relación matrimonial.

Iremos de lo más profundo a lo más práctico. Por eso les pido que tengan paciencia al leerlo, pues sin la profundidad, la práctica no duraría por mucho tiempo.

Finalmente, a manera de epílogo, descubrirán un regalo que quiero hacerles.

La espiritualidad matrimonial consiste en una manera de vivir, en sus actitudes, virtudes y **apertura a Dios.**

El matrimonio es un camino de santificación

El camino matrimonial se resume en una sola palabra: santidad. Tal vez cuando la escuchamos pensamos en algo aburrido, monótono, gris. Pero es todo lo contrario.

Jesús mismo lo dijo: «He venido para que tengan vida y la tengan en abundancia.»[3]

La santidad es la propuesta de VIDA que Dios quiere hacerles. Una existencia brillante, feliz, plena.

Se me hace ridícula la imagen que a veces tenemos de la santidad: una viejita aburrida, rezandera, clavada en la banca de una iglesia y con un rosario todo el día.

Tal vez para algunas personas este sea su camino de santidad. Pero la propuesta de Vida que Cristo nos hace es tan variada como diversos somos cada uno de nosotros.

¿Qué es lo que nos hace felices? El amor. ¿Qué es la santidad? Es la invitación de Dios para poder amar cada vez más, sin dejar de crecer jamás.

Vista así, la santidad es el único camino que responde a los anhelos más profundos de nuestro corazón. No consiste en encerrarse en una iglesia, sino en encarnar el amor en los detalles diarios.

---

[3] *Jn* 10,10

El único camino es el amor

Hugh Jackman, mejor conocido por su papel como Wolverine, lleva más de veinticuatro años casado con Deborra-Lee Furness. En su aniversario número veintidós le escribió a su mujer en su cuenta de Instagram: «Creo que en la vida necesitamos ver y ser vistos de verdad por las personas más importantes de nuestra vida. Deb, desde el primer día hemos tenido eso. 22 años después… eso sólo es más profundo. Tú y los niños son el mayor regalo que nunca tendré. Te amo un billón de veces alrededor de la Tierra.»[4]

No por nada son una de las parejas más admiradas en el mundo del espectáculo. Pero no dejan de ser un varón y una mujer normales. Que tienen sus luchas diarias. Sus sacrificios constantes. Así como también las satisfacciones cotidianas de la vida.

Su amor es real y no el de las películas. Ese amor que conlleva renuncias y sacrificios por el otro. Por este motivo, desde el inicio de su relación, decidieron adoptar estas reglas[5]:

1. No estaremos jamás alejados el uno del otro por más de dos semanas.

2. No trabajaremos en proyectos a la vez, a menos que sea indispensable financieramente.

---

[4] https://www.instagram.com/p/BhbcK54jReE/?utm_source=ig_embed
[5] https://www.youtube.com/watch?v=ikQCBwXeP1I

3. Antes de aceptar cada oferta de trabajo nos preguntaremos si es buena para nuestra familia.

Acordaron esto porque el amor debe hacerse realidad en las acciones concretas, so pena de disolverse.

El único camino que existe para que una persona sea feliz es el amor. Sin él, simplemente es imposible.

Ahora bien, el amor conyugal se hace vida, de manera especial, en la entrega que realizan los esposos mutuamente. No sólo en las grandes ocasiones, sino también de en los momentos repetitivos, monótonos, aburridos y, aparentemente, sin sentido.

El amor es capaz de colorear todo con un nuevo tinte. De darle a cada momento un sabor nuevo. De hacer que todo acto tenga un valor de eternidad.

¿Quieren tener un matrimonio feliz? ¡Tengan uno que siempre esté lleno de amor!

¡El **amor** debe hacerse realidad en las acciones **concretas**!

Es la manera para llegar al cielo

Pero una felicidad sólo para esta tierra no sería suficiente. Viviríamos angustiados pensando que algún día llegaría su fin. Porque si sólo fuéramos felices aquí, ¿qué sentido tendría la muerte y la misma eternidad?

El matrimonio tiene muchísimos compromisos. Uno sólo es ineludible: hacer todo para llevar al otro al cielo.

Para una pareja de esposos, el camino matrimonial es parte irrenunciable de su carrera hacia el cielo.

El cielo no es un lugar donde saltaremos entre nubes y estaremos tocando arpas junto con los querubines durante toda la eternidad. Será, más bien, el estado donde nuestro ser alcanzará su máxima plenitud, pues encontrará su total comunión con Dios[6].

Un matrimonio con una sólida espiritualidad aprenderá a vivir de cara al cielo, dando a su actuar diario un sentido en esta tierra y uno de eternidad.

De esta manera la vida futura no será algo vago y etéreo, sino que su hogar será la misma antesala del cielo, su preludio más hermoso, su esbozo más preciso.

---

[6] *1Cor* 15,28

Recordémoslo:

su principal misión como esposos es llevarse mutuamente...

Los recursos del libro

Antes de continuar me gustaría explicarles que este libro no está solo. ¡Viene acompañado de muchos recursos!

- Al inicio de cada parte encontrarán un código QR, desde el cual podrán ver un breve video de introducción a la misma.
- Al final de cada parte les ofrezco también ejercicios que pueden hacer en pareja, de tal manera que la teoría se pueda ir bajando a la vida diaria.
- Pueden descargar en este enlace materiales extras para trabajar en pareja: www.padreadolfo.com/cjrecursos. Haré referencia a estos materiales en una cita al pie de página cuando corresponda.

Un test para irnos preparando

A manera de calentamiento de motores, cada uno responda a las siguientes preguntas.

Después compartan sus respuestas sin juzgarse, simplemente acogiendo lo que se dice y dialogando sobre ello.

- Lo que más disfruto de mi esposo(a) es...
- Lo más divertido de mi esposo(a) es...
- Lo más aburrido de mi esposo(a) es...
- Lo más aburrido de mí es...
- Lo que no me gusta del otro es…
- Lo que no me gusta de mí es…
- Es bueno vivir juntos porque...
- Lo más importante para mí es…
- Lo más importante para nuestro matrimonio es…
- El lugar que ocupa Dios en nuestras vidas es…

Parte I

LAS COLUMNAS ESPIRITUALES

www.padreadolfo.com/cjcolumnas

Sin los fundamentos adecuados, nada puede permanecer de pie por mucho tiempo.

El primer temblor que experimenté sucedió en Chile. Estábamos en la capilla rezando por la mañana: la lámpara comenzó a moverse, las ventanas a crujir y las velas a tambalearse.

Mi instinto fue levantarme y salir de ahí. Pero nadie más me siguió. Continuaron rezando como si nada. ¿Por qué? Porque en ese lugar es normal que haya temblores leves como ese, y estaban seguros de que la casa aguantaría.

Todo en este mundo necesita un soporte, un fondo en el cual pueda sostenerse. Su matrimonio también. De esa manera, no importan los terremotos que afronten, siempre se mantendrá estable.

En este capítulo analizaremos esas columnas que asegurarán que el edificio de su relación no se caiga ante el primer viento.

1ª Al principio...

El matrimonio es una institución natural, salida de la mano del Creador desde el principio[7].

Es la respuesta ordinaria a la necesidad de amar y ser amado –de convertirse en don– que el ser humano lleva inscrito en su corazón.

Al ser cuestionado acerca del divorcio[8], Cristo se refiere a ese momento del principio, cuando Dios creó al matrimonio. Sólo a partir de ahí, podemos entender cuál era el plan original de Dios para él.

San Juan Pablo II, en sus maravillosas catequesis llamadas *Teología del Cuerpo*[9], se refiere a tres experiencias que Adán y Eva tuvieron y que nosotros también vivimos. Conocerlas nos ayudará a valorar al matrimonio como uno de los primeros regalos de Dios Creador.

1. Soledad originaria

Cuando Adán es creado se encuentra con un mundo maravilloso, lleno de la huella de Dios por todas partes.

¿Alguna vez has sentido la presencia de Dios frente a un amanecer? Pues imagínate lo que ha de haber contemplado Adán cuando vio el primer amanecer de toda la historia… ¡Fantástico!

Además, la creación entera estaba a su disposición. Caminaba entre ella como amo y señor, y, ni las creatu-

[7] Cf. *Gen* 1-2
[8] Cf. *Mt* 19,8
[9] https://familia.edu.mx/que-es-la-teologia-del-cuerpo-y-del-amor/

ras se sentían amenazadas por su presencia, ni él buscaba dañarlas. Vivía en plena y total armonía con el mundo.

Sin embargo, dentro de su ser, comenzaron a surgir las preguntas que nacen en el corazón de todos: «¿Quién soy? ¿Para qué fui creado? ¿Quién estoy llamado a ser? ¿Qué sentido tiene mi existencia? ¿Es esto todo lo que existe?»

«El hombre puso nombres a todos los ganados, a las aves del cielo y a todos los animales del campo, mas para el hombre no encontró una ayuda adecuada.»[10]

¡Vaya misterio! A pesar de que Adán estaba con Dios, a pesar de vivir en comunión con Él, ***algo*** más le faltaba... ***alguien*** le faltaba. Y surge en él ese sentimiento de terrible mordiente que todos hemos experimentado: ¡la soledad!

Tal vez se sintió poco agradecido: «¿Cómo es que yo, que tengo 'todo', siento que no tengo 'nada'?».

Tenía a la creación entera a su servicio, tenía a Dios, se tenía a sí mismo (porque era dueño total de sus actos) y, sin embargo, se sentía solo.

¡Qué duro ha de haber sido el verse así! Es que aún le faltaba alguien...

2. Unidad originaria

Adán experimentó una profunda soledad y comenzó a sospechar que había ***alguien*** para el cuál él había sido creado, y la cual había sido creada para él.

---

[10] *Gen* 2,20

¡Dios lo sabía, y quería que antes de darle el don de una hermana (y después de una esposa), sintiera lo que era no tenerla! Él permitió que Adán experimentara esa durísima sensación de sentirse solo, a pesar de estar tan ***lleno.***

Así que las preguntas prosiguieron: «¿Para qué estoy hecho? ¿Para quién estoy hecho? ¿Por qué siento que no estoy completo? ¿Dónde encuentro lo que me falta?»

Conocemos la historia: Adán se duerme, Dios le saca una costilla y, como hábil artista, crea a la mujer, la más hermosa creatura salida de sus manos, su obra maestra.

Entonces Adán exclama lleno de asombro y agradecimiento: «Esta vez sí que es hueso de mis huesos y carne de mi carne. Esta será llamada mujer, porque del varón ha sido tomada».[11]

Desde entonces la historia se repite: nos sentimos solos en este mundo, necesitamos a alguien que nos complemente. Y «por eso deja el hombre a su padre y a su madre y se une a su mujer, y se hacen una sola carne.»[12]

El ser humano está llamado a amar y a dejarse amar desde el principio.

---

[11] *Gen* 2,23

[12] *Gen* 2,24

Sin amor, sin comunión,
la vida simplemente no tiene sentido.

3. *Desnudez originaria*

El capítulo 2 del *Génesis* termina con una afirmación que pudiera parecer superficial y que, sin embargo, tiene implicaciones hermosísimas para los matrimonios: «Estaban ambos desnudos, el hombre y su mujer, pero no se avergonzaban uno del otro.»[13]

El papa San Juan Pablo II parte de dicho texto para explicarnos cómo este primer matrimonio vivía en armonía el uno con el otro.

No se sentían amenazados, juzgados, utilizados. Ni la lujuria pasional, ni el egoísmo a ultranza, ni la soberbia avasalladora formaban parte de su corazón.

Ellos «se ven y se conocen a sí mismos con toda la paz de la mirada interior, que crea precisamente la plenitud de la intimidad de las personas».[14]

A partir de ese momento nuestros corazones desean ser amados sin condiciones. Ser vistos en nuestra totalidad y no experimentar rechazo. Ser aceptados tal como somos. Porque «en el amor no hay temor.»[15]

En el fondo, tanto Adán como Eva, tenían el don de verse y de ver al otro como Dios los ve. Y, por eso, de amarse como Dios los ama.

---

[13] *Gen* 2,25
[14] SAN JUAN PABLO II, *Teología del Cuerpo,* 13,1
[15] *1Jn* 4,18

Todos deseamos ser amados

De estas tres experiencias los matrimonios pueden aprender mucho. Recordar y contemplar el plan original de Dios nos hace anhelarlo, y hacer todo lo que podamos para restaurarlo en nuestras vidas.

Queridos matrimonios, esa soledad que a veces experimentan es el grito del corazón que quiere unidad, que desea amor sin condiciones. ¡No lo ahoguen! Busquen llenarlo juntos, en el único lugar donde se podrá colmar totalmente: en Dios. ¡Busquen amarse como Él los ama![16]

2ª Un vino nuevo

El primer milagro de Jesús fue en unas bodas[17]. Esto no es coincidencia. Cada hecho en la vida de Cristo tiene un valor salvífico. Pero más allá, también nos ofrece signos que manifiestan realidades.

Nada en la Palabra de Dios es casualidad. Ninguna acción de Cristo es porque sí. Si quedó escrita, tiene un mensaje que darnos. ¿Por qué su primera obra milagrosa fue precisamente durante unas bodas?[18]

---

[16] Cf. *Jn* 13,34

[17] *Jn* 2

[18] «La Iglesia concede una gran importancia a la presencia de Jesús en las bodas de Caná. Ve en ella la confirmación de la bondad del matrimonio y el anuncio de que en adelante el matrimonio será un signo eficaz de la presencia de Cristo.» *CIC* 1613

1. Dios ama el matrimonio

«Tres días después se celebraba una boda en Caná de Galilea y estaba allí la madre de Jesús. Fue invitado también a la boda Jesús con sus discípulos.»[19]

Jesús estaba iniciando su ministerio. Acababa de llamar a sus discípulos. ¡Tenía tanto que decirles! ¡Tantos sueños que llevar a cabo! Y, sin embargo, se da el tiempo de ir a unas bodas cerca de su pueblo natal…

Jesús no hace nada por accidente. Estoy seguro de que quería dejarles claro a sus nuevos seguidores que el matrimonio es algo hermoso, al que deberían darle prioridad.

Dios no trata el amor humano a la ligera. Le da toda la importancia y centralidad que tiene.

2. Dios lleva el amor al máximo nivel

«Y, como faltara vino, porque se había acabado el vino de la boda, le dice a Jesús su madre: "No tienen vino" (…)

Llama el maestresala al novio y le dice: "Todos sirven primero el vino bueno y cuando ya están bebidos, el inferior. Pero tú has guardado el vino bueno hasta ahora".»[20]

Pongámonos en esa triste circunstancia. Una boda lleva meses para organizar. ¡Vaya que ustedes lo saben!

---

[19] *Jn* 2,1-2

[20] *Jn* 2,3.9-10

Estos pobres novios habían planeado cada detalle meticulosamente. Todo debería salir a la perfección. Y así estaba resultando: el ambiente de la fiesta era tan agradable que tomaron más de los cálculos normales. Mas de repente... ¡faltó el vino! ¡Vaya problema!

María viene al rescate.

La escena no deja de tener un toque de picardía. Jesús hace batallar un poco a su mamá. Él ya sabía lo que iba a hacer. Pero le encantaba tener esos momentos de relación mamá-hijo.

Y así, sucede lo que ya sabemos, ¡se creó el vino más espectacular de la historia!

3. *Dios da todo y mucho más*

La cosa no acaba ahí.

No solo crea el mejor vino, sino que lo hace con tanta abundancia que los cálculos más conservadores dicen que daba para llenar 750 botellas. Más que suficiente para una sola boda, ¡y eso que ya habían consumido lo que supuestamente se necesitaba!

¿No será que Dios quería dejarnos claro que, más allá de lo hermoso que el amor humano pueda ser, sin el amor de Dios, se queda siempre corto? ¿Que sólo con Él podremos hacer que nuestra agua se convierta en algo deliciosamente divino?

Jesús quiere ser parte de su matrimonio. Quiere llevarlo a niveles de abundancia y gozo que sin Él son imposibles de esperar. Pero no lo puede hacer solo. Tienen que invitarlo. Tienen que reconocer que su vino se acabó. Que a veces dan ganas de tirar todo por la borda, pues parece que las fuerzas se esfumaron. Y presentarle a Él el agua de su pequeñez.

Basta seguir el consejo de María: «Haced lo que él os diga».[21]

Sólo entonces, Dios podrá tomar el lugar que le corresponde y llevar su amor a niveles insospechados.

---

[21] *Jn* 2,5

El amor humano,
**sin el amor
de Dios,**
se queda siempre
corto.

4. Dios quiere que el matrimonio sea signo

«Así, en Caná de Galilea, dio Jesús comienzo a sus señales. Y manifestó su gloria, y creyeron en él sus discípulos.»[22]

Los discípulos creyeron en él gracias a una boda. Porque ahí tuvo la oportunidad de manifestar su gloria. Esto no ha cambiado. Cristo sigue deseando manifestar su gloria en los matrimonios y a través de ellos.

Sus debilidades, sus luchas, sus defectos también forman parte de esa manifestación de la gloria de Dios. Y es que, a pesar de ellos, ustedes siguen esforzándose por amar y por dejarse amar. Eso basta para que Dios se manifieste.

Amen, amen, amen. Y esa agua que brota de sus corazones será transformada en un signo del mismo amor de Dios.

Pero Cristo no se conforma con alabar o reconocer lo importante del matrimonio, sino que lo eleva a sacramento. Con eso le da la mayor dignidad posible, como lo analizaremos en el siguiente apartado.

3ª Como Cristo amó a la Iglesia

Tras dos años de haber recibido el diagnóstico de cáncer, y dieciocho horas después de haberse casado, Heather Mosher murió en un hospital.

---

[22] *Jn* 2,11

No logró curarse, pero el amor venció al final. De acuerdo a un reportaje de *Abc News*[23], la boda se iba a celebrar el 30 de diciembre, pero el empeoramiento de las condiciones de la mujer les llevó a anticipar la fecha al 23 de diciembre.

No hubo una iglesia grandiosa ni una fiesta llamativa. Se celebró en la sencilla la capilla del hospital en el que estaba ingresada. Ahí Heather y David dieron testimonio de que el dolor no puede ser más fuerte que el amor.

Esto es lo que San Pablo nos asegura: «Por eso dejará el hombre a su padre y a su madre y se unirá a su mujer, y los dos se harán una sola carne. Gran misterio es éste, lo digo respecto a Cristo y la Iglesia.»[24]

El capítulo 5 de la Carta a los Efesios es una mina de oro para entender la espiritualidad matrimonial.

---

[23] 2 enero 2019

[24] *Ef* 5,31-32

El dolor

no puede ser

más fuerte

que el

amor.

El modelo

El capítulo inicia con una invitación que pone el listón muy alto: «Sed, pues, imitadores de Dios, como hijos queridos, y vivid en el amor como Cristo os amó y se entregó por nosotros como oblación y víctima de suave aroma.»[25]

El fin de la vida matrimonial no es amarse tanto como lo hacían sus abuelitos o la pareja de viejitos que caminan de la mano por el parque. Matrimonios: ¡su modelo es Cristo!

Cuentan que cuando Walt Disney murió, sus sucesores tenían la preocupación de cómo mantener su legado vivo y evitar que el espíritu fundacional se perdiera. Entonces llegaron a una conclusión: preguntarse qué hubiera hecho Walt en tal o cual ocasión.

Al principio pareció funcionar, pero bien pronto dejó de hacerlo, lo que llevó a la empresa a una crisis de creatividad que duró más de una década.

¿Cuál fue el problema? Que Walt había muerto.

Como cristianos tenemos que hacernos la misma pregunta cuando tengamos dudas: ¿Qué haría Cristo? La ventaja es que, contrariamente a Disney, ¡Cristo sigue vivo y habla a su Iglesia!

Por eso San Juan Pablo II asegura que «el matrimonio corresponde a la vocación de los cristianos únicamente cuando refleja el amor que Cristo-Esposo dona a la Iglesia, su Esposa.»[26]

---

[25] *Ef* 5,1-2

[26] TEOLOGÍA DEL CUERPO 90,2

Busquen en todo «qué es lo que agrada al Señor»[27]. ¡En Él está su modelo!

La sumisión

Hasta aquí todo va bien. Muy hermoso y apetecible. Pero a partir del versículo 21 las cosas se ponen más duras: «Así como la Iglesia está sumisa a Cristo, así también las mujeres deben estarlo a sus maridos en todo.»[28]

¡Mujeres, no corran, no cierren el libro, no se alarmen! Esta sumisión no es exclusiva del sexo femenino. De hecho, unos versículos antes, se dice: «Sed sumisos los unos a los otros en el temor de Cristo.»[29]

Además, después les habla también a los varones: «Maridos, amad a vuestras mujeres como Cristo amó a la Iglesia y se entregó a sí mismo por ella.»[30]

La sumisión no es esclavismo. Cristo vino a liberarnos de toda atadura y a darnos libertad.

Vivir la sumisión es estar completamente donados, como Cristo se donó a su Iglesia. ¡Vaya nivel de amor!

El modelo del matrimonio es la cruz de Cristo, no porque sea un constante sufrimiento, sino porque los esposos están dispuestos, por amor, a dar la vida misma por el otro. Por eso la sumisión es la libertad total, porque es el amor total.

---

[27] *Ef* 5,10
[28] *Ef* 5,24
[29] *Ef* 5,21
[30] *Ef* 5,25

Haciendo un juego de palabras podríamos asegurar que ***su-misión*** es hacer que el otro sea ***tu-misión*** en esta vida, es comprometerse a llevarlo al cielo.

La sumisión
es la libertad total,
porque es el
amor total.

El sacramento

Repitámoslo: «Por eso dejará el hombre a su padre y a su madre y se unirá a su mujer, y los dos se harán una sola carne. Gran misterio es éste, lo digo respecto a Cristo y la Iglesia.»[31]

El camino matrimonial es difícil. Simplemente porque la vida en sí misma no es fácil.

Jesús sabía muy bien esto. Y por eso no dejó que el matrimonio fuera una simple institución natural, existente desde la creación del varón y la mujer, sino que lo elevó a sacramento, dándole así una fuerza especial: la de poder alimentarse con la gracia de su sacrificio ofrecido en la cruz por amor al Padre y a nosotros.

Esta gracia del sacramento está destinada a perfeccionar el amor de los cónyuges y a fortalecer su unidad indisoluble. Por medio de ella se ayudan mutuamente a santificarse en la vida matrimonial y en la acogida y educación de los hijos.[32]

Juntos los tres –Dios, esposa y esposo–, es posible superar las dificultades. La fidelidad expresa la constancia en el mantenimiento de la palabra dada. Dios es fiel. El sacramento del matrimonio hace entrar al hombre y la mujer en la fidelidad de Cristo para con su Iglesia.[33]

---

[31] *Ef* 5,31-32
[32] Cf. *CIC* 1641
[33] Cf. *CIC* 2365

Para que se mantenga vivo, hemos de luchar por defender la vida de gracia. ¡Custódienla y acreciéntenla a diario!

Queridos matrimonios, ¡Dios les ha regalado un sacramento muy especial, en el cual podemos ver reflejado el amor de Cristo por su Iglesia, gocen de él, háganlo crecer, renuévenlo y den gracias todos los días por tan tremendo presente!

Y cuando sientan que no pueden, vuelvan la vista hacia arriba y contemplen a Cristo crucificado, recordando que en la cruz «el amor redentor se transforma en amor nupcial: Cristo, al entregarse a sí mismo por la Iglesia, con el mismo acto redentor se ha unido de una vez para siempre con ella, como el esposo con la esposa, como el marido con la mujer»[34], y arranquen de ahí todas las gracias que necesiten.

El Catecismo lo resume de una manera muy hermosa: «El sacramento del matrimonio significa la unión de Cristo con la Iglesia. Da a los esposos la gracia de amarse con el amor con que Cristo amó a su Iglesia; la gracia del sacramento perfecciona así el amor humano de los esposos, reafirma su unidad indisoluble y los santifica en el camino de la vida eterna.»[35]

---

[34] Teología del Cuerpo 90,6

[35] *CIC* 1661

La gracia del matrimonio perfecciona su amor y fortalece su unidad.

4ª Un matrimonio eucarístico

El centro de toda la vida cristiana es la Eucaristía. Ella es la fuente y el fin de todo lo que hacemos. De ahí nacemos, y hacia allá nos dirigimos.

¿Qué relación tiene el Sacramento de la Eucaristía con el del Matrimonio?

La Eucaristía es la entrega total de Cristo por amor a nosotros. Es el sacrificio de su cuerpo entregado para el perdón de nuestras faltas. Es su sangre derramada para sanar nuestros corazones heridos por el pecado.

En Ella, Cristo se entrega con totalidad: cuerpo, sangre, alma, humanidad y divinidad.

Aquél que come de ese pan vivirá para siempre[36]. Tendrá en sí al mismo Dios; será comunión con Él. Y esa sed de felicidad que tanto anhela encontrará ahí su respuesta[37].

El matrimonio también es entrega por amor, sacrificio por el otro, ofrecimiento del cuerpo y de todo lo que se es, búsqueda de comunión total con la persona amada. Como dice el P. Antonio Rivero, L.C., «es el sacrificio en que ambos se dan completamente, en cuerpo, sangre, alma y afectos. Y si no hay sacrificio y donación completa, no hay matrimonio sino egoísmo»[38].

---

[36] Cf. *Jn* 6,51

[37] Cf. *Jn* 4,14

[38] https://es.catholic.net/op/articulos/6442/cat/302/eucaristia-y-matrimonio.html#modal

Un matrimonio que vive centrado en la Eucaristía será un matrimonio centrado en el amor total.

Ahí aprenderán que:

- El amor es lo único que sacia ese deseo de ser felices.
- El sacrificio no está peleado con el amor, sino que siempre caminan de la mano.
- Vale la pena hacerse pan para que el otro le coma y tenga vida.
- El verdadero amor no es de un rato, sino de toda la existencia.
- Las penas y problemas diarios pueden unirse al misterio del amor de Dios.
- El cuerpo tiene un valor salvífico si lo unimos al Cuerpo de Cristo.
- El fuego de su corazón jamás se extinguirá si lo alimentan a diario del banquete de la Eucaristía.

Si quieren tener un amor que dure para toda la vida y para la eternidad, aprendan del Amor mismo. Hagan que su matrimonio gire en torno a la Eucaristía. En la medida de lo posible vayan a misa todos los días. Adórenlo en esa Presencia Real. Téngalo como modelo. Y no dejen que nada ni nadie les robe esa comunión con Él.

Ofrezcan la Hostia inmaculada, no sólo por manos del sacerdote, sino juntamente con Él. Coloquen en el altar todas sus preocupaciones y penas, así como sus alegrías y satisfacciones.

Visiten con frecuencia a Cristo Eucaristía, quien lleno de gracia y de verdad, ordena las costumbres, forja el carácter, alimenta las virtudes, consuela a los afligidos, fortalece a los débiles, incita a su imitación y santifica a los que se acercan a Él.

Para preparar la hostia se ha de triturar el pan. Para hacer el vino se ha de exprimir la uva. Para que su matrimonio se convierta en una Eucaristía, déjense triturar y exprimir desde el amor y por el amor. No se trata de un dolor sin sentido, de un sacrificio hueco, sino de aquellos que nacen de un amor comprometido.

No tengan miedo, ¡Cristo está con ustedes y les concederá todo lo que necesiten para purificar su amor y hacerse un matrimonio eucarístico!

Él permanecerá siempre a su lado y les otorgará las fuerzas para levantarse después de sus caídas, seguir tomando su cruz, perdonarse mutuamente, llevar las cargas del otro, y amarse con un amor sobrenatural, delicado y fecundo que hará de sus vidas algo profundamente pleno.

Coloquen en el **altar**
todas sus
preocupaciones
y **penas,**
así como sus **alegrías**
y **satisfacciones.**

5ª Amor a la propia vocación

Como católicos, estamos convencidos de que Dios tiene un camino de realización para cada uno. Ese camino se llama vocación.

Los cristianos estamos llamados a la santidad. Esta llamada universal no significa que todos nos tengamos que encerrar en un convento a rezar, o a dedicarnos de por vida a ser misioneros. Consiste, más bien, en desarrollar nuestros talentos de acuerdo con el plan que Dios tiene para nosotros[39].

Dentro de esta llamada universal, hay llamadas específicas. La más común es la del matrimonio. ¡Y es a la que ustedes se sintieron atraídos y con la cual se comprometieron!

Cada pareja de esposos está llamada por Dios a ser feliz, pues la vocación al matrimonio se inscribe en la naturaleza misma del hombre y de la mujer, según salieron de la mano del Creador[40].

Soy testigo de que cuando los cónyuges se deciden a aceptar el plan de Dios en su totalidad, sin paréntesis, Él es fiel y les llena con una felicidad tan grande que parece no ser de este mundo. «Dios tiene un sueño para nosotros, no tengan miedo de ese sueño, custódienlo como un tesoro y suéñenlo juntos cada día de nuevo»[41].

---

[39] Cf. *Mt* 25,14-30

[40] Cf. *CIC* 1603

[41] PAPA FRANCISCO, 25 de agosto de 2018

El primer paso que hay que dar es amar la propia vocación. No en general, sino a este matrimonio en concreto, con todos sus defectos y errores, pero también con los aciertos y cualidades.

Este amor requiere de convencimiento y madurez: se casaron para toda la vida, no como una camisa de fuerza, sino como la oportunidad de construir un proyecto que no sólo valga la pena, sino que valga la existencia.

El papa Francisco asegura que «el matrimonio no es sólo una institución, sino una vocación, una vida que va adelante para cuidarse, ayudarse y protegerse mutuamente».

El proceso

El proceso de la vocación matrimonial parte del noviazgo, y conlleva unas etapas que vamos a analizar ahora[42]:

1ª Etapa: el enamoramiento.

Es ese momento mágico, de encanto recíproco, donde la existencia del otro se convierte en el único motivo de la propia vida. Una mirada, una palabra, un roce bastan para encender el corazón.

2ª Etapa: la elección.

No basta estar enamorados. Hay que elegirse mutuamente como compañeros de vida.

---

[42] Cf. https://portumatrimonio.org/para-toda-familia/la-vocacion-al-matrimonio-implica-un-proceso/

Esta etapa ha de estar acompañada de mucha oración y diálogo de pareja. Algunos de los factores que se deben tomar en cuenta son: el carácter, la cultura, el nivel de educación, la raza, la religión, los hobbies, las virtudes, los defectos, etc.

Es el momento donde el corazón y la cabeza deben de llegar a un acuerdo que beneficie a los dos.

3ª Etapa: el compromiso mutuo.

Después de la elección viene el compromiso: «Quiero vivir contigo para siempre, es más, quiero vivir para ti.»

Una canción lo explica muy bien: «Amar es entregarse, olvidándose de sí, buscando lo que al otro pueda hacer feliz».

Comprometerse a amar de verdad significa aceptarte como eres, como fuiste, pero también como serás.

4ª Etapa: el proyecto de vida en común.

La pareja deja de pensar en ***yo- tú,*** y comienza a pensar en ***nosotros.***

Nuestro futuro, nuestro hogar, nuestro amor, nuestros hijos, nuestros proyectos, nuestra vida...

Es el momento en que se deciden, desde el fondo del corazón, a hacerse una sola carne real, hecha vida en todo lo que se comparte y se compartirá.

No es un proyecto momentáneo, sino que durará toda la vida.

5ª Etapa: acoger el plan de Dios para nosotros.
No basta con querer tener un plan común. No es suficiente amarse demasiado ni preguntarle a Dios cuál es su designio para nosotros. Se requiere acoger ese proyecto con la alegría de quienes han sido llamados a un amor especial. Esto es lo que llamamos vocación.

¿Qué es lo que Dios quiere para nosotros dos, qué nos propone, cuál es el ideal al que nos invita? No en general, sino ya en la vida diaria, concreta.

Es así como se elige la vocación al matrimonio. Una vocación que inicia el día de la boda y durará *hasta que la muerte los separe*. A los esposos cristianos Dios siempre les presentará un camino para amarse más cada día. ¡Es por eso que se vuelve tan apasionante!

Tal vez ustedes no recorrieron estas etapas. ¡No importa, nunca es tarde!

Dios, sin ninguna duda, les está invitando a amarse más, a ser una verdadera comunidad de amor y de vida.

Esta vocación es un proyecto ambicioso, pero hecho posible por la gracia. A través de ella Dios los capacitará a decirse cada día: «Hoy te amo más que ayer, pero menos que mañana».

Dialogando: nuestras columnas espirituales

En un momento de tranquilidad, dialoguen juntos tomando como base las siguientes preguntas.

1. Si estuvieran perdidos en una selva, ¿cómo creen que los dos sobrevivirían en este lugar? ¿Cómo harían para respetar los momentos de compañía y soledad que ambos necesitarían?

2. Viviendo en este lugar, ¿apreciarían de otra manera el hecho de estar casados? ¿Cómo se tratarían, cómo se valorarían?

3. Volvamos a la realidad. En su vida actual, ¿cómo sería un día perfecto desde que se levantan hasta que se acuestan: actividades, detalles, experiencias?

4. De acuerdo con la respuesta anterior, ¿qué grado de importancia tiene en ese día perfecto la presencia de Dios en su vida?

5. Más allá de su matrimonio e hijos, ¿por qué sienten mayor gratitud? Hagan una lista de las cosas buenas que tienen en su vida.

6. Cuente cada uno en 5 minutos la historia de su vida personal mencionando cuáles son las fortalezas espirituales más importantes que les han sostenido. Recordar les ayudará a enamorarse más.

7. ¿Cuáles son sus actuales columnas espirituales como matrimonio? ¿Les falta alguna?

LÍNEAS DE ESPIRITUALIDAD

http://www.padreadolfo.com/cjlineas

En su libro *Creatividad, S.A.*, el presidente de *Pixar*, Ed Catmull, relata que una de las preocupaciones de su compañía cuando hicieron *Buscando a Nemo*, era cómo terminar en menos tiempo una película.

Entonces se les ocurrió que antes de iniciar los trabajos deberían de tener perfectamente terminado el guion.

Para nosotros, inexpertos en este mundo del cine, esto nos puede parecer lo más lógico. Sin embargo, como relata en su libro, el guion de una película cambia muchas veces durante su proceso de creación. Esto obliga a rehacer muchas escenas, ideas, personajes, etc., generando una enorme inversión de tiempo y dinero. ¡Tenían que evitarlo!

La idea parecía perfecta. No obstante, a la hora de implementarla, el proceso volvió a ser el mismo: el guion cambió y cambió y cambió. Ed asegura que ahí se dieron cuenta de que ese proceso de evolución es, precisamente, una de las claves que hace de las películas de *Pixar* verdaderas obras maestras.

Algo semejante puede suceder en el matrimonio: queremos un guion perfectamente delineado, desde el principio hasta el fin. Nos casamos, nos adaptamos sin roces, adquirimos estabilidad financiera, tenemos hijos maravillosos, los educamos, llenamos la casa de nietos... etc., etc., etc.

Seamos sinceros: casi nada de esos sueños se vuelven realidad tal y como los esperábamos.

El proceso de maduración de un matrimonio es mucho más complicado que el de una película. No podemos pretender controlarlo a la perfección.

Ahora bien, tampoco se trata de dejarlo todo al *ahí-se-va.* Hemos que tener ciertos lineamientos y ayudas para lograr que esta familia llegue a ser una verdadera obra de arte.

A continuación, vamos a analizar estos parámetros. Se trata de principios que se adaptan a cada pareja, ayudándoles a sacar el máximo potencial de su amor mutuo.

La diferencia con el anterior apartado es que las columnas son el fundamento de lo que hacemos, en cambio, las líneas, son los parámetros en torno a los cuales actuamos. Se trata de algo así como el trazado de una cancha de fútbol dentro de la cual se debe realizar el juego.

1ª Un matrimonio centrado en Cristo

Me imagino que han escuchado acerca de la famosa marca de ropa *Forever 21.* Este emporio floreciente por varios años fue fundado por los esposos Do Won y Jin Sook, quienes desembarcaron en Estados Unidos en 1981, con apenas nada en el bolsillo.

La revista *Forbes* incluso los mostró en portada como ejemplo del *sueño americano*.

Llegaron de Corea del Sur. Él comenzó a cortar el pelo y ella a lavar platos. Jin incluso tuvo tres trabajos al mismo tiempo.

Después de un esfuerzo titánico ahorraron hasta reunir 11,000 dólares, con los que adquirieron una primera tienda de ropa de moda, *Fashion 21*. Fue el inicio del éxito. Su negocio llegó a estar valorado en 4,000 millones de dólares, con 790 tiendas en 48 países.

Todo esto lo lograron sin dejar de lado su fuerte fe católica. No sólo en su manera de vivir y de confiar en Dios, sino porque también dan testimonio público de sus creencias, no dejando la misa diaria a pesar de la cantidad de trabajo.

De hecho, un detalle curioso que no muchos saben, es que debajo de las bolsas de *Forever 21* se encuentra la cita de *Juan* 3,16: «Porque tanto amó Dios al mundo que dio a su Hijo único, para que todo el que crea en él no perezca, sino que tenga vida eterna.»

Cuando algo está centrado se vuelve estable. Es claro que este matrimonio sudcoreano se ha esforzado por siempre poner a Cristo al centro[43].

No estoy vaticinando que aquellos que lo hagan van a formar empresas millonarias. ¡No, Él jamás prometió

[43] Al momento de publicar el libro la cadena se ha declarado en banca rota, espero que pronto puedan solucionar dicha dificultad. Por eso aclaro que los coloco como ejemplo de matrimonio, no de empresarios.

eso! Pero lo que sí prometió es darles la vida eterna, así como un sentido de eternidad a todo lo que hagan en esta tierra.

Todo matrimonio tiene que ser cristocéntrico. Ha de desear poner a Cristo y a su mensaje en el centro de todas sus intenciones, acciones, deseos y pensamientos. Actuando así no sólo llegarán a tener más paz, sino también más armonía, pues ambos querrán y buscarán llegar al mismo puerto en todas sus acciones.

Para ello hay que conocer a Cristo, amarlo, seguirlo y darlo a conocer a los demás[44].

1. Conocer a Cristo

Pongan todo de su parte para conocer más a Jesucristo, hasta llegar a una honda experiencia de su persona y de su amor.

No se trata sólo de estudiarlo, sino de alcanzar una comprensión interior, fruto de la fe y del amor. Es un conocimiento experiencial más que teórico; es un conocer más con el corazón que con el raciocinio.

Los lugares para hacer esta experiencia son la oración, los sacramentos y el Evangelio.

2. Amar a Cristo

La consecuencia natural del conocimiento de Cristo es el amor. Nadie que conozca de verdad a Jesús puede dejar de amarlo.

---

[44] Cf. *Manual del Miembro del Movimiento Regnum Christi* nn. 74-76

Un amor real, que se manifiesta en las palabras y deseos, así como en las decisiones y conducta. Se hace así un amor personal, a la vez que compartido en la pareja.

Conlleva una relación profunda y total, de corazón a Corazón; amor apasionado, porque toca las fibras más íntimas de la persona, de tal manera que Cristo llega a ser la pasión de la vida; amor fiel, porque es un amor que hay que renovar e interiorizar cada día; que ha de madurar gradualmente y fortalecerse con las pruebas de la vida.

3. Seguir a Cristo

El matrimonio cristiano no sigue a un Cristo que está fuera de él, sino a un Cristo de cuya vida divina y filial participa.

Por la vida de gracia, el cristiano se une a Cristo como el sarmiento a la vid. De esta forma, la vida de Cristo se manifiesta en él. Así, el matrimonio se verá impregnado por todas partes de la vida divina, y las consecuencias positivas serán colosales.

La vida de gracia comporta la lucha permanente contra el pecado. Sin embargo, es mucho más que la mera ausencia de pecado grave: requiere el compromiso de imitar a Cristo, de actuar de acuerdo con su presencia en el alma, buscando comportarse como el mismo Cristo lo haría.

Seguir a Cristo es una tarea sobrehumana. Sólo el Espíritu Santo puede realizarla; pues sólo Él puede plasmar la imagen del Hijo en cada alma. ¡Pídanle a diario a

Él que les haga ser un matrimonio que refleje más y más la presencia viva de Jesús!

4. Dar a conocer a Cristo

El matrimonio que ha llegado a tanta intimidad de amor con Cristo no puede quedárselo sólo para ellos. ¡Todas las personas tienen necesidad de encontrarse con el amor redentor de Cristo!

Es por esto que se convierten en testigos de su amor para todos. Dan a conocer con sus vidas y palabras el mensaje central del Evangelio: el amor; un amor recibido, experimentado y valorado en esta vida y en la eternidad.

2ª Un matrimonio inflamado por el amor del Espíritu Santo

La vida es un camino que se va descubriendo mientras se recorre. Como todo camino está lleno de sorpresas, algunas agradables, otras no tanto. Pero lo importante es andarlo por la dirección correcta.

Estoy seguro de que cuando se casaron tenían algunas ideas y sueños sobre lo que iban a hacer: proyectos, manera de vivir, actividades, convivencias, trabajos, hijos, relaciones familiares, amistades, etc. Mucho de esto se ha hecho realidad. Otro tanto, ni por asomo. Algunas de esas cosas que no han alcanzado se deben a errores que han cometido.

¿Qué pasaría si existiera un Maestro que siempre estuviera con ustedes, y que supiera exactamente cómo responder ante cada situación? Pues sí, ustedes ya saben de quién les estoy hablando, ¡del Espíritu Santo, verdadero Maestro de vida![45]

Él irá sembrando amor en sus corazones, y de esta semilla brotarán hermosos frutos de bondad, mansedumbre, paz, caridad y control de sí mismos. Su matrimonio se irá haciendo cada vez más parecido al cielo.

El Espíritu les guiará más allá de simplemente evitar el mal. Les ayudará a superar los límites que el mundo, la concupiscencia, la soberbia, el egoísmo, la lujuria, la avaricia, etc., quieran imponerles.

Seguirán cometiendo errores, pero con Él tendrán la paz de que todo les ayudará a amar más y mejor.

¿Cómo pueden cultivar esta amistad y docilidad a Él?

- Pídanle todos los días que los haga dóciles instrumentos en sus manos.
- Invóquenlo antes de sus actividades.
- Pregúntenle cómo deben actuar.
- Frente a decisiones complejas, nunca tomen una determinación sin buscar su luz.
- Ante situaciones en las que no sea tan clara su voz, tengan un director espiritual que les ayude a discernir.
- Repitan constantemente esta jaculatoria: «Espíritu Santo, fuente de luz, ¡ilumínanos!»

---

[45] «Él les enseñará todas las cosas.» *Jn* 14,26

- Cuando les pida algo, díganle siempre que sí.
  No teman ser barro en las manos del Alfarero. Si se dejan moldear por Él, su matrimonio y sus vidas brillarán con una hermosura única e irrepetible.

Seguirán cometiendo
errores,
pero con Él
tendrán la paz de que
todo les ayudará
a amar más
y mejor.

3ª Un matrimonio fecundo

El amor tiende por su misma naturaleza a la fecundidad. Los hijos son uno de los dones más excelentes del matrimonio y contribuyen al bien de sus mismos padres.

Esta fecundidad es uno de los fines del matrimonio. El niño no viene *de fuera,* como un añadido al amor que se tienen. Brota del corazón mismo de la donación que se hacen. De hecho, es su fruto y su cumplimiento[46].

La nueva vida engendrada en, por y para amar, viene a enriquecer enormemente el hogar de los esposos. Les enseña nuevas maneras de demostrarse el amor, y les ofrece un camino de crecimiento mutuo lleno de oportunidades.

Más allá de la fecundidad física

Pero la fecundidad del amor conyugal no se puede reducir a la física. ¡Sería demasiado poco!

Para ser de verdad padres, tienen también que engendrar vida moral, espiritual y sobrenatural. Esto se hace, principalmente, por medio de la educación y el

[46] «Por eso la Iglesia, que "está en favor de la vida", enseña que todo "acto matrimonial, en sí mismo, debe quedar abierto a la transmisión de la vida". "Esta doctrina, muchas veces expuesta por el magisterio, está fundada sobre la inseparable conexión que Dios ha querido y que el hombre no puede romper por propia iniciativa, entre los dos significados del acto conyugal: el significado unitivo y el significado procreador")». *CIC* 2366

ejemplo. En este sentido, la tarea fundamental del matrimonio y de la familia es estar al servicio de la vida.

Esa fecundidad inicia con el nacimiento de los hijos y –podríamos decir–, no se terminará nunca.

Los hijos, acogidos como don de Dios creador, hacen que el amor conyugal se multiplique, se haga más creativo y llegue a ser capaz de los más grandes sacrificios.

¡Cuánto bien les hace a los niños el ejemplo de unos padres honestos y coherentes! ¡Cuánta alegría siembra en ellos el enseñarles a ser generosos con los demás, llevándolos a realizar algún apostolado comprometido y estable! ¡Cuánto amor se recoge cuando se arrodillan juntos para pedirle a Dios su protección!

La fecundidad moral, espiritual y sobrenatural es una tarea diaria. Y, me atrevería a decir, la más importante de todas.

Para ser de verdad padres, tienen también que engendrar vida moral, espiritual y sobrenatural.

Una palabra a los matrimonios que no pueden tener hijos

Es indescriptible el sufrimiento de los esposos que, al amarse y desear tener hijos, se ven imposibilitados físicamente.

Este dolor existe desde que el ser humano fue creado. En el mismo Antiguo Testamento podemos verlo. Abraham pregunta a Dios: «¿Qué me vas a dar, si me voy sin hijos...?»[47]. Y Raquel dice a su marido Jacob: «Dame hijos, o si no me muero»[48].

El dolor que nace de ello sólo puede ser comprendido en su profundidad por aquellos que lo sufren. Pero el Evangelio enseña que la esterilidad física no es un mal absoluto. «Los esposos que, tras haber agotado los recursos legítimos de la medicina, padecen de esterilidad, deben asociarse a la Cruz del Señor, fuente de toda fecundidad espiritual. Pueden manifestar su generosidad adoptando hijos abandonados o realizando servicios sacrificados en beneficio del prójimo.»[49]

Queridos esposos que sufren este dolor, ¡su amor puede ser fecundo! Busquen la respuesta en la oración, en la dirección espiritual y en el diálogo conyugal sereno.

Dios desea que su amor se multiplique. Simplemente tienen que descubrir el cómo. Pero jamás dejen de amarse y de amar a los demás.

---

[47] *Gen* 15,2

[48] *Gen* 30,1

[49] *CIC* 2379

4ª Un matrimonio que forma una iglesia doméstica[50]

La Iglesia no es otra cosa que la *familia de Dios.* Un lugar donde todos son recibidos y acogidos, porque han llegado a su hogar.

Desde sus inicios, la Iglesia se fortaleció por la presencia de aquellos que, «con toda su casa»[51], habían llegado a ser creyentes. Estas familias eran islotes de vida cristiana en un mundo no creyente, la sal de la tierra y la luz de un mundo que vivía en la oscuridad[52].

La situación social en nuestros días no es muy diversa a la de los primeros años del cristianismo. Nos encontramos con frecuencia en ambientes extraños e incluso hostiles a la fe. Es aquí donde las familias creyentes tienen una importancia primordial en cuanto faros de una fe viva.

La Iglesia es una gran familia, formada por familias. Es en su hogar donde inicia la Iglesia, porque éste nace de Cristo y se dirige a Cristo.

Juntos, como peregrinos, han de caminar sin cansancio, apoyándose mutuamente, hacia la Patria Celestial, con la alegría de saber que la meta la tenemos asegurada.

---

[50] Cf. *CIC* 1655-1658
[51] Cf. *Hch* 18,8
[52] Cf. *Mt* 5,13-14

Aquí es donde se ejercita de manera privilegiada el sacerdocio bautismal de cada uno de los miembros de la familia, recibiendo los sacramentos, orando juntos y dando gracias a Dios por tantos y tantos beneficios.

El Concilio Vaticano II invitaba a los papás a ser para sus hijos los primeros anunciadores de la fe con su palabra y con su ejemplo, fomentando la vocación personal de cada uno y, con especial cuidado, la vocación a la vida consagrada[53].

El hogar es así la primera escuela de vida cristiana. Ahí se hace vida la paciencia y el gozo del trabajo, el amor fraterno, el perdón generoso –incluso reiterado–, y sobre todo se aprende a orar y a ofrecer su vida por amor.

«Ahí, en la "iglesia doméstica", los hijos aprenden el significado de la fidelidad, de la honestidad y del sacrificio. Ven cómo mamá y papá se comportan entre ellos, cómo se cuidan el uno al otro y a los demás, cómo aman a Dios y a la Iglesia. Así los hijos pueden respirar el aire fresco del Evangelio y aprender a comprender, juzgar y actuar en modo coherente con la fe que han heredado. La fe se transmite alrededor de la mesa doméstica, en la conversación ordinaria, a través del lenguaje que solo el amor perseverante sabe hablar», asegura el papa Francisco.

---

[53] Cf. *Lumen Gentium* 11

¡Sean faros de una fe viva, sean sal de una fe llena de esperanza!

Tradiciones familiares[54]

Quisiera aquí tocar un punto de capital importancia: tener tradiciones familiares.

La tradición es una costumbre que nos ayuda a mantener vivo lo que es importante. No se trata de una rutina, como puede ser la manera en que te preparas por la mañana o cómo haces las compras. Una tradición custodia un tesoro recibido, cuya transmisión ha sido colocada en nuestras manos.

En toda familia existen tradiciones muy hermosas como las comidas dominicales, la manera de festejar un cumpleaños, las fechas importantes, etc. Les invito a que en su hogar haya también otras que les aseguren que su familia sea una iglesia doméstica viva y llena de amor.

Cada matrimonio tendrá las propias, pero hay algunas que no deben de faltar:

- Celebrar los sacramentos de iniciación cristiana: Bautismo, Eucaristía y Confirmación.
- Asistir a misa dominical. Aquí ayuda el tener una misa a la cual se acude de manera ordinaria.
- Bendición y acción de gracias por los alimentos.
- Rosario en familia con regularidad.
- Momentos de oración diaria y en ocasiones especiales.
- Vivencia de la Navidad, Semana Santa y Pascua.

---

[54] Materiales auxiliares para este tema en: www.padreadolfo.com/cjrecursos

- Lectura frecuente de la Palabra de Dios.
- Colocar una Biblia a la entrada de la casa y reverenciarla con un beso al salir y entrar.
- Ayudar a los más pobres y necesitados.
- Tener imágenes religiosas en casa.
- Escoger libros religiosos de cabecera.

Éstas, entre muchas otras, les servirán a ustedes para seguir siendo esa sal y luz de la tierra.

«Por tanto, rezad juntos en familia, hablad de cosas buenas y santas, dejad que María nuestra Madre entre en vuestra vida familiar. Celebrad las fiestas cristianas. Vivid en profunda solidaridad con cuantos sufren y están al margen de la sociedad.»[55]

Les invito a terminar la lectura de esta parte rezando juntos la oración oficial del Encuentro Mundial de las Familias del 2018:

> Dios, Padre nuestro,
> Somos hermanos y hermanas en Jesús, tu Hijo,
> Una familia, en el Espíritu de tu amor.
> Bendícenos con la alegría del amor.
> Haznos pacientes y bondadosos,
> Amables y generosos,
> Acogedores de aquellos que tienen necesidad.
> Ayúdanos a vivir tu perdón y tu paz.

---

[55] Papa Francisco, 25 de agosto de 2018.

Protege a todas las familias con tu cuidado amoroso,
Especialmente a aquellos por los que ahora te pedimos:
[Hacemos una pausa y recordamos a los miembros de la familia y a otras personas por su nombre].
Incrementa nuestra fe,
Fortalece nuestra esperanza,
Protégenos con tu amor,
Haz que seamos siempre agradecidos por el regalo de la vida que compartimos.
Te lo pedimos, por Jesucristo nuestro Señor, Amén.

5ª Un matrimonio que busca vivir como la Sagrada Familia

Voy a comenzar con una confesión: ¡soy un fiel devoto de la Sagrada Familia!

Esta devoción nace en el mismo momento en que Jesús salió del seno de su Madre: los pastores llegaron a adorar a Jesús, entre María y José. Luego también los sabios de oriente lo honraron con regalos de oro, incienso y mirra.

Consiste en dos cosas fundamentales:

1. Orar a la Sagrada Familia, pidiendo su protección y consagrándoles su hogar.

2. Imitar sus virtudes, la manera en que ellos desarrollaron su vida familiar.

¿Qué beneficios tendrá su matrimonio si cultivan esta devoción?

1. Una escuela de virtudes.

Cristo quiso nacer y crecer en el seno de la Sagrada Familia. Ahí aprendió las virtudes que todos deberíamos adquirir en el seno del hogar: la generosidad, paciencia, caridad, perdón, incondicionalidad, etc.

A veces Dios nos puede parecer muy lejano, etéreo, difuminado. Pero la realidad es que Él mismo, en la persona de Jesús, se hizo hombre y vivió en una familia como la tuya y la mía.

Cuando no sepan cómo actuar, simplemente pregúntense qué hubiera hecho la Sagrada Familia frente a algo así. Y es que imitar sus virtudes es la mejor forma de devoción que podemos tener.

2. Aliados y defensores de la unidad y armonía familiar.

Estoy seguro de que todo matrimonio que se encomiende a Ella y le mantenga una sincera devoción, jamás quedará desamparado. Tendrá en ellos tres a los mejores aliados y defensores de la unidad y armonía familiar.

Esto se hará realidad cuando en su hogar se cultive la vida de oración a ejemplo de Jesús, María y José, porque es en la oración donde se profundizará esa relación de *familia a Familia*.

Hagan de su hogar un lugar de oración. Así nos invitaba el papa Benedicto XVI: «La Sagrada Familia es icono de la Iglesia doméstica, llamada a rezar unida. La familia es Iglesia doméstica y debe ser la primera escuela de oración. En la familia, los niños, desde la más temprana edad, pueden aprender a percibir el sentido de Dios, gracias a la enseñanza y el ejemplo de sus padres: vivir en un clima marcado por la presencia de Dios.»[56]

[56] 28 de diciembre 2011

La oración

pondrá un escudo protector alrededor de su hogar.

3. Un ejemplo de santidad al alcance.

No podemos olvidar jamás que Jesús pasó treinta años en el hogar de Nazaret, haciendo lo que todas las familias de aquél entonces hacían: trabajar, estudiar la Escritura, convivir con la gente del pueblo, etc. No hubo milagros ni ángeles. Sólo una vida normal.

Este ejemplo nos lo dejó Él, su madre y su padre. En ellos encontramos que la vida ordinaria, esa que a veces se vuelve rutinaria, también se puede convertir en un camino de santificación.

Es en la familia donde inicia todo: la vida y la santidad. Ahí nos hacemos más plenamente humanos y cristianos.

Lleven siempre dentro de su corazón el ejemplo de este santo matrimonio de María y José, y de su hijo Jesús.

6ª Un matrimonio que abrace su cruz

Cada matrimonio tiene una historia entretejida de momentos fáciles y otros más complicados.

Dolors Massot[57] relata el caso de una amiga cuyo matrimonio tuvo muchos problemas de salud desde su inicio.

Ya en el segundo año de casados, el marido se lesionó gravemente en el trabajo, por lo que ella tuvo que luchar el doble para sacar adelante a la familia.

[57] https://es.aleteia.org/2019/04/18/que-piensas-cuando-ves-los-munequitos-de-tu-tarta-de-bodas/

La ilusión y el glamur que había puesto en el matrimonio se le vino al suelo. En su lugar encontró trabajo duro y mucho sacrificio para sostener la economía familiar.

Jamás escatimó ningún desprendimiento: vendió sus joyas, se sometió a trabajos duros y a jornadas extenuantes.

Dolors afirma: «La ves, y está feliz. Cuando las amigas le preguntamos cómo lo ha hecho, siempre dice lo mismo: "es que estoy casada con el hombre de mi vida"».

Lo que pocos saben es que cuando se casaron, la que estaba enferma era ella. Él la aceptó así, y quiso unir su vida con la de ella para poder cuidarla veinticuatro horas por día.

Poco después, recuperó su salud, pero él ya había demostrado que no se tomaba a la ligera aquello de ***en la salud y en la enfermedad.***

El papa Francisco dijo en su viaje a Irlanda que «casarse y compartir la vida es algo hermoso. Hay un dicho en español que dice así: Dolores de dos, medio dolor». ¡Y qué duda cabe! Por eso un matrimonio que abraza la cruz -sea de uno de los miembros o de los dos- hace que su peso sea más ligero y llevadero.

La cruz es una realidad en la vida de todo ser humano. No importa su condición, vocación, cultura o estado económico. ¡Todos pasamos por momentos o circunstancias dolorosas! Frente a ellas nos quedan dos opciones: rechazarlas o abrazarlas.

Quienes quieren huir de ellas, terminan arrastrándolas y echándose al hombro cruces aún más pesadas. Por el contrario, aquellos que las abrazan encontrarán que no están solos, pues en toda cruz abrazada por amor se puede encontrar a Cristo.

«Venid a mí todos los que estáis fatigados y sobrecargados, y yo os daré descanso. Tomad sobre vosotros mi yugo, y aprended de mí, que soy manso y humilde de corazón; y hallaréis descanso para vuestras almas. Porque mi yugo es suave y mi carga ligera.»[58]

En ningún lugar el amor está mejor representado que en la cruz:

- En ella encontrarán todas las respuestas a sus preguntas.
- A través de ella podrán liberarse para amar más y mejor.
- Gracias a ella se darán cuenta de lo que vale y de lo que no.
- Dentro de ella hallarán paz y sosiego.

Sin cruz no es posible el amor, porque, como dijo san Agustín: «Si no quieres sufrir, no ames. Pero si no amas, ¿para qué quieres vivir?»

---

[58] *Mt* 11,28-30

Dolores de dos, 1/2 dolor.

7ª Un matrimonio dispuesto a la fidelidad pase lo que pase

Me llamó mucho la atención el caso de una pareja de italianos. Mario, de ochentaitrés años, fue ingresado en el hospital por una infección respiratoria crónica.

Diez días después, su esposa Elisa, de sesentaicuatro años, también fue ingresada en el mismo hospital y en la misma habitación. Ella sufre de un grave declive cognitivo, y sin Mario estaba inquieta, triste y desorientada.

Los médicos atinaron al diagnóstico y decidieron darle la mejor medicina: su marido.

Así que buscaron recrear el ambiente de su hogar, pusieron dos camas para ellos y Elisa volvió a sentirse en paz.

¿Será que esa frase de Jesús de no separar lo que Dios ha unido tiene también consecuencias prácticas?

Por su misma naturaleza, el amor entre esposos requiere de una fidelidad inviolable. Esto no es imposición de nadie. Es la consecuencia lógica del don total de sí mismos que se hacen los esposos.

El amor auténtico tiende por él mismo a ser definitivo. Todos llevamos dentro de nuestro corazón ese anhelo de un ***amor eterno.***

Esta fidelidad no es fácil: cuando pasan los meses o años de mariposas en el estómago, cuando llegan las dificultades de la vida, cuando cargar con los defectos del otro parece eclipsar todas sus virtudes...

Pero el motivo más profundo de la fidelidad no es otro que la misma fidelidad de Dios a su alianza, de Cristo a su Iglesia.

Gracias al sacramento del matrimonio, ustedes han sido capacitados para representar y testimoniar esta fidelidad. Desde esta perspectiva la lucha por lograrlo adquiere un sentido nuevo y más profundo.

Cuando la perseverancia se vuelva difícil, incluso aparentemente imposible, recuerden la buena nueva de que Dios los ama con un amor definitivo e irrevocable, y de que ustedes participan de este amor, que les conforta y mantiene.

De esa manera, se convertirán en testigos del amor fiel de Dios. ¡Gracias, gracias, gracias por ser signos vivos de ese Amor![59]

---

[59] Es posible que se den circunstancias que no dependen de la voluntad y que hagan imposible la convivencia. A este respecto me limito a citar el número 1649 del Catecismo: «Existen, sin embargo, situaciones en que la convivencia matrimonial se hace prácticamente imposible por razones muy diversas. En tales casos, la Iglesia admite la separación física de los esposos y el fin de la cohabitación. Los esposos no cesan de ser marido y mujer delante de Dios; ni son libres para contraer una nueva unión. En esta situación difícil, la mejor solución sería, si es posible, la reconciliación. La comunidad cristiana está llamada a ayudar a estas personas a vivir cristianamente su situación en la fidelidad al vínculo de su matrimonio que permanece indisoluble».

Esposos:

¡gracias,
gracias,
gracias!,

por ser signos vivos
de
ese AMOR.

El secreto de la perseverancia: valorarse a diario

El ser humano es un animal de costumbres. A todo nos habituamos.

Llegamos a la casa, apretamos un botón y la luz se enciende. Y no decimos: «¡Wow, tengo luz!» Es algo que no cuestionamos. Es normal; por eso, muchas veces, dejamos de valorarlo. Mas si viviéramos en un lugar donde la electricidad fuera racionada, ¿cómo actuaríamos si de repente la tuviéramos veinticuatro horas al día?

Eso mismo nos puede pasar con las personas. El matrimonio se puede acostumbrar a tener alguien con quién pelearse. Alguien con quién hablar. Pero... ¿y si algún día no lo tuvieran?

Aprendan a valorase mutuamente. A reconocer que cada día es un regalo dado por Dios para crecer en el amor. Agradezcan sus esfuerzos cotidianos por manifestar el cariño, y ayúdense, así, a superar los defectos.

8ª Un matrimonio que quiere llegar al cielo

Tenía apenas veintitrés años cuando su vida cambió radicalmente. Nando Parrado, fue uno de los dieciséis sobrevivientes del vuelo 571 de la Fuerza Aérea Uruguaya, que, por un error de navegación, se cobró veintinueve vidas, entre ellas la de su mamá y hermana

Casi todos conocemos los horrores que afrontaron y las terribles decisiones que tomaron.

Nando lleva más de cuarenta años como conferencista de talla mundial, enseñando a otros una gran lección de vida: ten un ideal, y haz todo lo puedas para alcanzarlo.

Como matrimonio deben tener una sola meta que dé sentido a cada momento de sus vidas: ¡llegar los dos al cielo!

Esta vida va a pasar. Es sólo la preparación de la verdadera vida, esa que ya nada ni nadie nos podrá arrebatar.

Un matrimonio que ha tomado la decisión de llegar al cielo no dejará que ninguna cosa pasajera le robe su paz. No permitirá que ningún problema sea más grande que su amor. Aprovechará todo, absolutamente todo, para acercarse juntos a esa meta, dándole a cada día un sentido de eternidad.

Recuerdo que cuando era seminarista en Roma, el actor de cine Jim Caviezel, cenó en nuestro seminario. Al final tomó el micrófono y nos dirigió unas palabras como estas: «Tu nombre quizás no aparece en los grandes salones de la fama. Tal vez eres tan desconocido que nadie sabe tu nombre. Puede ser que tus "óscares" nunca te lleguen; pero no te olvides que Dios también da premios. Preferiría ser un desconocido aquí, pero tener mi nombre escrito en el cielo».

Busquen que sus nombres queden escritos en el libro de la Vida, en el cielo. No vivan de cara a los hombres, tampoco de cara al otro, sólo y siempre de cara a Dios.

Existe la tradición de que cuando alguien se va a ordenar sacerdote ha de escoger un lema tomado normalmente de la Biblia. Yo escogí el que viene en *Gálatas* 2,20: «Me amó y se entregó por mí.» Un verso que san Pablo refiere a Cristo.

El motivo por el cual lo elegí es que me imagino que cuando llegue a las puertas del cielo –Dios mediante–, el mismo Cristo pueda salir y decirle al *portero:* «Déjalo pasar, porque me amó y se entregó por mí.» ¡Se imaginan! ¡No puede haber más gozo para un sacerdote que el que el mismo Jesús le diga eso!

Pues bien, ustedes como matrimonio deberían tener la ilusión de que cuando uno de ustedes llegue al cielo, el otro pueda adelantarse y decirle al *portero* lo mismo: «Déjalo(a) pasar, porque me amó y se entregó por mí.»

Su vocación matrimonial los dirige hacia el cielo. Pero todavía más, ¡los dirige a hacer todo lo posible para que el otro llegue al cielo!

¡Esa es la verdadera grandeza del matrimonio! Y sin eso, sin la decisión radical de alcanzarlo, su relación no tiene ningún sentido trascendente.

Por eso tal vez muchas parejas fracasan, pues tienen sólo ideales humanos, sin uno que trascienda y le dé motivo a todo: el cielo.

Vivan esta vida
tan llena de amor,
que estén edificando
una eternidad
aún más plena
de amor.

Analizando nuestras líneas de espiritualidad[60]

Del uno al ocho enumeren qué orden de importancia tienen para ustedes las líneas de espiritualidad:

- Un matrimonio centrado en Dios.
- Un matrimonio inflamado por el Espíritu Santo.
- Un matrimonio fecundo.
- Un matrimonio que forma una iglesia doméstica.
- Un matrimonio que busca vivir como la Sagrada Familia.
- Un matrimonio que abrace su cruz.
- Un matrimonio dispuesto a vivir la fidelidad pase lo que pase.
- Un matrimonio que quiere llegar al cielo.

Sobre las dos más importantes, mencionen tres medios para vivirlas:

Línea ______________________________

Medics:	

Línea ______________________________

Medios:	

[60] Descarguen esta dinámica en: www.padreadolfo.com/cjrecursos

Parte 3

MEDIOS DE CRECIMIENTO MATRIMONIAL

www.padreadolfo.com/cjmedios

En la vida no basta conocer *qué hacer,* sino también *cómo hacerlo.* Un arquitecto puede saber que debe de construir una casa, pero si de hecho no sabe cómo construirla, jamás la llevará a cabo. Un atleta puede sentir el deber de ganar el campeonato, pero si no aprende cómo aplicar su entrenamiento no alcanzará jamás la victoria. Un matrimonio puede proponerse vivir una sólida espiritualidad, pero sin las aplicaciones específicas todo se quedará en un buen deseo.

Ya hemos colocado los fundamentos y pintado las líneas generales para que un matrimonio católico pueda vivir en plenitud. Vamos ahora a bajar a los medios más prácticos, que, sin duda alguna, les ayudarán a hacer vida esta espiritualidad.

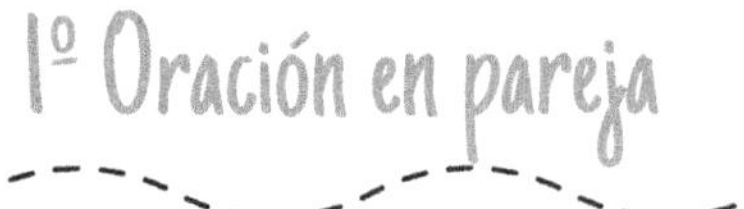

San Pablo lo sabe: sin oración no se puede amar. Por eso nos invita: «Recitad entre vosotros salmos, himnos y cánticos inspirados; cantad y salmodiad en vuestro corazón al Señor, dando gracias continuamente y por todo a Dios Padre, en nombre de nuestro Señor Jesucristo.»[61]

[61] *Ef* 5,19-20

La oración en pareja no es un lujo, es una necesidad. No sólo cuando las cosas salen mal, sino cotidianamente.

Una pareja que reza todos los días alimenta su amor desde la fuente del Amor.

Cuando una familia le da a Dios el lugar principal, entonces su hogar se vuelve un lugar de paz, un oasis para combatir el desaliento, la tristeza y el cansancio ante las dificultades. Él se convierte en la fuente de todo, y esa fuente es inagotable.

LA ORACIÓN EN PAREJA *no es un lujo*, ES UNA NECESIDAD.

Cómo orar en pareja

Las opciones de oración son infinitas, y cada pareja ha de encontrar su propia modalidad.

A continuación les enumero algunas. No se trata de vivirlas todas. Escojan una o dos, comprométanse, y verán cómo Dios les irá ayudando a amarse más, y a encontrar los tiempos para realizarlas.

1. Ofrecimiento del día

Hay muchos libros de oraciones en los que pueden encontrar fórmulas para ofrecer el día. Escojan uno y háganlo apenas se despierten.

Ofrecer el día nos ayuda a darle el horizonte adecuado, a recordar de dónde venimos y hacia dónde vamos. Se trata de elevar el corazón a Dios para ofrecerle la jornada entera, con todos sus episodios buenos y malos.

A continuación les ofrezco una opinión que pueden aprovechar:

> Señor y Dios nuestro, te adoramos y te amamos con todo el corazón.
>
> Te damos gracias por habernos creado, redimido, y llamado a formar una familia.
>
> Te ofrecemos en este día nuestra oración y acción, nuestro trabajo y cansancio, nuestros sufrimientos y alegrías; ayúdanos a hacerlo todo por amor a ti y según tu voluntad.

Danos alegría en la vivencia de nuestra vocación matrimonial, paciencia en el sufrimiento, audacia en la confesión de nuestra fe, sabiduría en el camino de la vida y caridad con los más necesitados.

Ayúdanos a amarnos más el día de hoy y a ser testigos de tu amor. Amén.

2. Misa diaria

La Celebración Eucarística es la presencia misma de Cristo aquí en la tierra. ¡Es lo más importante! ¡Por eso no puede ser sólo dominical!

Entiendo que a veces puede ser difícil ir a diario, pero al menos den lo mejor de sí para lograrlo.

La Misa debería de ser el momento central del día, la cumbre a la que tiende toda actividad y la fuente de donde mana toda la fuerza del amor.

3. Lectio Divina

Lo explicaré en el siguiente apartado: el conocimiento de la Escritura.

4. Rosario en familia

No cabe duda que el Rosario es una de las oraciones más hermosas que tenemos los cristianos. En él aprendemos de María a vivir la vida como Ella, imitando a Cristo en sus misterios.

La familia que reza el Rosario le da a María un lugar primordial y le pide a su Madre que les proteja y acompañe a diario.

5. Acción de gracias y petición de perdón

Antes de acostarse muchos matrimonios acostumbran a darle gracias a Dios por los beneficios recibidos y a pedirle perdón por las veces en las que se han equivocado. Incluso se agradecen y se piden perdón entre ellos. ¡Vaya manera tan hermosa de terminar el día!

El problema es cuándo hacerlo

He enunciado algunas maneras en que pueden orar en pareja. Sé que es imposible que lo hagan todo. Pero les invito a escoger al menos una de ellas y, poco a poco, ir incorporando aquellas que sientan que Dios les invita a hacer parte de su vida.

Claro que lo más difícil de todo no es el cómo, sino el cuándo. Elijan un momento adecuado para orar y sean exigentes con ustedes mismos para no postergarlo por cualquier motivo.

Me llamó mucho la atención el testimonio de este matrimonio con tres hijos, quienes después de una intensa experiencia, decidieron a dedicar tiempo a Dios y a los demás[62]:

«Ahora ayudamos más a los demás, vamos a misa más seguido, rezamos el rosario diario, analizamos las lecturas de la Biblia, y cada día nos retamos a ser mejo-

---

[62] https://es.aleteia.org/2019/01/04/una-familia-ordinaria-que-hace-cosas-extraordinarias/

res personas, porque sabemos que podemos. Hace algunos años no nos hubiéramos imaginado que podíamos hacer estas cosas, y es la prueba de que son extraordinarias.

El tiempo es el mismo para todos, desde el presidente de un país hasta el trabajador del supermercado. Ni la persona más poderosa del mundo puede comprarlo, piénsalo. La diferencia la hace en qué lo empleamos. Así que empecemos a emplearlo en hacer cosas extraordinarias ahora mismo, no hay "señor tiempo" que perder.»

¡UTILICEMOS
nuestro tiempo
Haciendo

COSAS
extraordinarias!

2º Conocimiento de la Escritura

La Biblia se escribió hace miles de años. ¿Cómo es posible que un libro tan viejo pueda seguir siendo válido para nosotros que vivimos en un mundo completamente distinto? ¿En qué puede cambiar nuestras vidas?

Además, no es fácil de entender. Su lenguaje muchas veces parece oscuro y no sabemos cómo aplicarla a nuestras vidas.

Lo primero que tenemos que decir es que Dios quiso revelarse a los hombres. Revelarse significa mostrar o manifestar algo oculto. Esto es precisamente lo que hizo Él: se mostró a sí mismo[63].

Para ello, Dios elige no sólo hacerse hombre, sino también usar palabras humanas, que son el medio más común que los seres humanos tenemos para comunicarnos.

De ahí nace la Biblia: del deseo que Dios tenía de que lo conociéramos y amáramos. Por esta razón, la Iglesia ha venerado siempre las divinas Escrituras como venera también el Cuerpo del Señor.

En la Sagrada Escritura el cristiano encuentra sin cesar su alimento y su fuerza, porque, en ella, no recibe solamente una palabra humana, sino lo que es realmente: la Palabra de Dios[64].

---

[63] «Lo que existía desde el principio, lo que hemos oído, lo que hemos visto con nuestros ojos, lo que contemplamos y tocaron nuestras manos acerca de la Palabra de vida...» *1Jn* 1,1

[64] Cf. *1Ts* 2,13

Es verdad que a veces no es fácil entenderla: requiere tiempo, paciencia y constancia.

Una manera muy hermosa de hacerlo es la *Lectio Divina,* que consiste en una lectura orante de la Sagrada Escritura bajo la luz del Espíritu Santo.

Es imposible extenderme aquí con la amplitud que desearía sobre este tema, pero les ofrezco un esbozo de cómo se puede hacer en pareja[65]:

1. Leer: ¿Qué dice la Palabra?

Una vez puestos en presencia de Dios, lean un trozo de la Sagrada Escritura. Puede ser el Evangelio del día u otro pasaje cualquiera.

Procuren entender lo que dice el texto en sí mismo: las palabras, los lugares, los personajes. No se trata de comprender aún el mensaje, sino simplemente la literalidad del texto.

2. Meditar: ¿Qué nos dice la Palabra?

Es el momento para confrontar la vida con este pasaje, preguntándose qué nos quiere regalar Dios.

La meditación es como el eco que ha dejado la Palabra en el corazón. Es una pausa para abrir los oídos del alma a lo que Dios quiera decir a cada uno.

En silencio, dejen unos minutos para que el Espíritu hable y les pueda transmitir el mensaje que tiene para sus corazones.

---

[65] Descarguen un taller en: www.padreadolfo.com/cjrecursos

3. Orar: ¿Qué le contestamos a Dios?

Después de haber confrontado la vida con la Palabra de Dios, el corazón tiene que responderle a aquello que le está pidiendo.

La oración es ese diálogo que se establece de tú a Tú. Dios les ha hablado a través de esas líneas, ahora toca responderle.

Cada uno puede decir una oración en voz alta para que el otro también se enriquezca con esto. O si prefieren, simplemente permanezcan en un silencio orante.

4. Contemplar: ¿Qué nos regala Dios?

Es el fruto maduro de la lectura, meditación y oración. Es la elevación de la mente hacia Dios.

Dediquen unos instantes a simplemente ver y saborear lo que Dios les haya regalado.

5. Actuar: ¿Qué le regalamos a Dios?

Que la Palabra no se quede encerrada en sus corazones, sino que tenga una consecuencia en su matrimonio y familia. Es el momento en que pueden hacerse propósitos concretos para que su hogar esté más lleno del amor de Dios. Pueden ser individuales o en pareja.

Les invito a hacer de la *Lectio Divina* un compañero de su vida matrimonial. Ojalá pudieran realizarla al menos una vez a la semana. Con esta práctica asidua verán que la Palabra de Dios se hará más clara y transformará sus vidas radicalmente.

La Biblia

Nace del deseo que **Dios** tenía de que lo

CONOCIÉRAMOS Y AMÁRAMOS.

3º Vida de gracia y sacramentos[66]

No podemos negar que el mal es real. Todos, tanto dentro de nuestros corazones como en el entorno, constatamos su existencia. Esta experiencia se hace sentir también en las relaciones entre la pareja[67].

Por eso en todo tiempo, la unión del hombre y la mujer vive amenazada por muchas tentaciones: la discordia, el querer imponerse, la infidelidad, los celos y conflictos que pueden conducir hasta el odio y la ruptura.

Según nuestra fe, este desorden no se origina en la naturaleza del ser humano ni de sus relaciones, sino en el pecado.

El pecado original tiene como consecuencia primera la ruptura de la comunión querida por Dios entre el hombre y la mujer. Fue entonces cuando iniciaron los problemas: sus relaciones quedan distorsionadas por ofensas recíprocas[68]; su atractivo mutuo se cambia en relaciones de dominio y de concupiscencia[69]; la hermosa vocación a ser fecundos, multiplicarse y someter la tierra[70] queda sometida a los dolores del parto y los esfuerzos de ganar el pan[71].

---

[66] «La vida moral es un culto espiritual. El obrar cristiano se alimenta en la liturgia y la celebración de los sacramentos.» *CIC* 2047

[67] Cf. *CIC* 1606-1608

[68] Cf. *Gen* 3,12

[69] Cf. *Gen* 3,16b

[70] Cf. *Gen* 1,28

[71] Cf. *Gen* 3,16-19

Frente a este panorama tenemos dos opciones: desanimarnos o pedir ayuda. De ambas, creo que la segunda es la más adecuada.

Para sanar las heridas del pecado, necesitamos la gracia de Dios. Este auxilio es indispensable. Sin él, el matrimonio no puede llegar a la plenitud para la cual Dios lo creó ***al principio***[72].

Cuando un matrimonio viene a contarme sus problemas suelo comenzar preguntándoles cómo va su vida sacramental y su relación con Dios. Sin eso, simplemente no se puede.

La manera en que la ayuda de Dios se hace *vida concreta* es a través de los sacramentos. Gracias a ellos recibimos la vida de gracia (Bautismo), la recuperamos cuando la hemos perdido (Penitencia), nos hacemos uno con Cristo (Eucaristía), nos fortalecemos para la lucha (Confirmación), nos unimos para ayudarnos a llegar juntos al cielo (Matrimonio), recibimos ayuda en

---

[72] «Esta insistencia, inequívoca, en la indisolubilidad del vínculo matrimonial pudo causar perplejidad y aparecer como una exigencia irrealizable (cf. Mt 19,10). Sin embargo, Jesús no impuso a los esposos una carga imposible de llevar y demasiado pesada (cf. Mt 11,29-30), más pesada que la Ley de Moisés. Viniendo para restablecer el orden inicial de la creación perturbado por el pecado, da la fuerza y la gracia para vivir el matrimonio en la dimensión nueva del Reino de Dios. Siguiendo a Cristo, renunciando a sí mismos, tomando sobre sí sus cruces (cf. Mt 8,34), los esposos podrán "comprender" (cf. *Mt* 19,11) el sentido original del matrimonio y vivirlo con la ayuda de Cristo. Esta gracia del Matrimonio cristiano es un fruto de la Cruz de Cristo, fuente de toda la vida cristiana.» *CIC* 1615

las enfermedades físicas y espirituales (Unción) y valoramos la presencia de Cristo que nos sirve (Sacerdocio).

En los sacramentos no tenemos simples ritos antiguos. No son tampoco deberes aburridos. ¡Ahí está la misma gracia de Dios! ¡Ahí está la fuerza para perseverar y ser felices! ¡Ahí está todo lo que necesitamos para llegar juntos al cielo!

Queridos esposos,

cuiden su vida de gracia, **frecuenten los sacramentos,** y entonces **sus luchas** no las tendrán que afrontar **jamás solos.**

4º Apostolado en pareja

Me llamó muchísimo la atención el caso de Ana Paula y Víctor, quienes como parte de sus festejos de boda decidieron darle de cenar a 160 personas.

Él afirma en una en una entrevista a la TV Gazeta: «Durante la cena, los niños e incluso los padres de ellos nos venían a abrazar y a felicitar. Vivimos aquello realmente como nuestra fiesta de bodas. Recibimos mucho más de lo que dimos. Salimos de ahí llenos. Cuando terminó la cena, nos miramos el uno al otro y fue una sensación de realización. El sentimiento es de gratitud.»

Todo matrimonio nace por amor y persevera por amor. Pero este amor es limitado. Por eso deben hacerlo crecer. Una manera muy concreta es a través del apostolado.

San Juan Pablo II afirmaba que «el amor será fermento de paz, cuando la gente sienta las necesidades de los otros como propias y comparta con ellos lo que posee, empezando por los valores del espíritu»[73].

Un matrimonio que aprende a fijarse en las necesidades de los demás tendrá la capacidad de no quejarse por las pequeñas molestias diarias. Aprenderá a distinguir lo esencial de lo accidental. Vivirá de cara a Dios, no hacia los demás. Será faro que guíe las acciones de otros matrimonios.

---

[73] 1 de enero de 2003

El apostolado se ejerce en la fe, en la esperanza y en la caridad[74], que derrama el Espíritu Santo en los corazones de todos los miembros de la Iglesia. Tiene su fundamento en la caridad, que mueve a todos los cristianos a ayudar a sus hermanos a conocer al único Dios verdadero y a su enviado Jesucristo[75].

Existe la creencia cómoda de que el apostolado lo deben de hacer los sacerdotes, monjas y gente más comprometida. ¡Pero no! El apostolado es deber de todo cristiano. Por eso su matrimonio está llamado también a realizarlo.

Piensen en esto que le decía san Pablo a los Romanos: «Pero ¿cómo invocarán a aquel en quien no han creído? ¿Cómo creerán en aquel a quien no han oído? ¿Cómo oirán sin que se les predique?»[76]

---

[74] Cf. *Apostolicam Actuositatem* n. 2

[75] Cf. *Jn* 17,3

[76] *Rom* 10,14

El apostolado
es deber de todo cristiano
¡*Ustedes* están
también llamados
a *realizarlo*!

Las áreas para llevarlo a cabo son muchas. Voy a enumerar sólo algunas:

1. La propia familia

Los esposos cristianos son mutuamente para sí, para sus hijos y demás familiares, cooperadores de la gracia y testigos de la fe.

Ustedes son para sus hijos los primeros predicadores; los forman con su palabra y con su ejemplo, los ayudan con prudencia en la elección de su vocación y les ayudan a cuidarla una vez descubierta.

Una manera muy hermosa de apostolado es manifestar y demostrar con su vida la indisolubilidad y la santidad del vínculo matrimonial. Lo harán si son testigos alegres de un amor que recibieron como don, y que custodian con su entrega y sacrificio diarios.

2. La juventud

Los matrimonios deben de tener iniciativas para salir al encuentro, formar y acompañar a los jóvenes con quienes tengan oportunidad de convivir.

Procuren entablar un diálogo amigable con ellos, que les permita conocerse y comunicarse entre sí. Sean testigos y testimonio, y déjense entusiasmar por sus corazones llenos de ardor y deseos de vivir.

3. Con otros matrimonios

No soy yo el que les va a enseñar que solos no se puede. ¡Necesitamos ayuda! Y así como a ustedes les han ayudado otros matrimonios, así otras parejas necesitan de su ayuda.

Tengan iniciativas para acompañar, formar, proyectar y sostener a otros matrimonios.

¡Cuánto le agradezco a Dios por los muchos matrimonios que me han ayudado en múltiples apostolados, o que, incluso, me han enseñado a hacerlos!

La manera de realizarlo es muy variada: grupos de reflexión en casas, renovaciones matrimoniales, misiones familiares, retiros prematrimoniales, atención a parejas, etc.

4. En la sociedad

Como esposos, la sociedad ejerce un influjo sobre ustedes. Pero no deben permanecer pasivos frente a éste. Hay que luchar por llenar de espíritu cristiano el pensamiento y las costumbres, las leyes y las estructuras de la comunidad en que viven.

El apostolado de la palabra, y sobre todo el del testimonio, se ha de llevar a cabo en el trabajo, la profesión, el estudio o el descanso.

Esta acción será fructífera en la medida en que su fe sea coherente con su vida. Deberá abrazar a todos los que se encuentran junto a ustedes, buscando hacerles todo el bien espiritual o material posible. Sólo así se convertirán en la luz del mundo.

«Pero los verdaderos apóstoles, lejos de contentarse con esta actividad, ponen todo su empeño en anunciar a Cristo a sus prójimos, incluso de palabra. Porque muchos hombres no pueden escuchar el Evangelio ni conocer a Cristo más que por sus vecinos seglares.»[77]

5. En la política[78]

El amor a la patria y el cumplimiento de los deberes civiles son valores que un matrimonio cristiano vive con alegría.

Partiendo de esos compromisos buscan:

- Promover el verdadero bien común.
- Poner de su parte para que el poder civil se ejerza justamente
- Ejercer iniciativas civiles y políticas para que las leyes respondan a los principios morales y al bien común.

Procuren cooperar y dialogar con todos los hombres de buena voluntad en promover cuanto hay de bueno, de verdadero, de justo, de santo, de amable[79].

No tengan miedo de emprender las acciones que más contribuyan, en profundidad y en extensión, a construir el Reino de Cristo en la sociedad[80].

---

[77] Cf. *Apostolicam Actuositatem* n. 13
[78] Cf. *Apostolicam Actuositatem* n. 14
[79] Cf. *Fil* 4,8
[80] Cf. *CIC* 899

5º Dirección espiritual[81]

La dirección espiritual es un encuentro en la fe entre tres personas: el Espíritu Santo, el director y el dirigido. Ellos, con la ayuda del Espíritu Santo, buscan descubrir la voluntad de Dios en lo concreto de la vida.

Por lo tanto, se trata no tanto del influjo del director sobre el dirigido, cuanto de ambos dejarse iluminar por el Espíritu Santo.

Esta práctica antiquísima busca que el dirigido llegue a amar a Dios sobre todas las cosas y al prójimo como a uno mismo. Dicho amor se concreta y encarna en la fidelidad y cumplimiento de la voluntad de Dios en la propia vida.

Lo normal y más frecuente es que se trate de una dirección espiritual personal, pero también existe la posibilidad de hacerlo ocasionalmente en pareja.

No se trata de buscar al director únicamente cuando tengan problemas. Es más, tampoco sólo para prevenirlos, sino para aumentar la presencia del amor de Dios en su vida matrimonial.

Algunos de los temas que se pueden tratar son los siguientes:

- Cómo están viviendo su sacramento y qué medios pueden utilizar para desarrollar la gracia matrimonial.
- La vida de oración en pareja.

---

[81] Materiales auxiliares para este tema en: www.padreadolfo.com/cjrecursos

- La vida sacramental.
- Profundizar en las luces que el Espíritu Santo les haya dado.
- El discernimiento ante decisiones que han de tomar juntos.
- La vivencia de las virtudes matrimoniales, especialmente aquellas que han decidido trabajar.
- Su apostolado y compromiso cristiano.
- La formación cristiana de los hijos.

Quienes practican con frecuencia la dirección espiritual llegan a conocerse a sí mismos y a los otros de una manera más profunda, aceptándolos como son y ayudándoles a superarse; aprenden a confrontar su vida con la Palabra de Dios; y están más dispuestos a dejarse guiar por el Espíritu Santo.

Encontrar en la
vida diaria cómo
amar a Dios
sobre todas las cosas
y al prójimo
como
a uno mismo.

6º Virtudes matrimoniales

Todas las virtudes son importantes, pero hay algunas que el matrimonio necesita vivir de manera más heróica.

Las virtudes son la manera en que hacemos vida la plenitud a la que Dios nos ha llamado.

El comportamiento virtuoso no ha de confundirse con simplemente portarse bien. Por el contrario, la persona y el matrimonio virtuoso es aquél que está dispuesto a todo con tal de conquistar la felicidad.

Veamos pues algunas virtudes fundamentales para la vida matrimonial.

1. Amabilidad

Según el diccionario la palabra *amable* significa *digno de ser amado.* Es por eso que la principal virtud en el matrimonio ha de ser la *amabilidad.*

No se trata de siempre estar de buenas, sino de hacerse dignos de ser amados.

¿Qué pasaría si frente a los defectos y errores diarios reaccionaran siempre con amabilidad? ¡Les aseguro que habría mucha más armonía en su hogar!

Esto los santos lo saben muy bien. Por eso san Juan Bosco decía que «la dulzura en el hablar, en el obrar y en el reprender, lo gana todo y a todos».

Madre Teresa nos da un consejo que siempre podemos vivir: «Comienza cada día con una sonrisa, aunque no hayas podido descansar en la noche. Una sonrisa puede cambiar tu suerte y la de aquellas personas que se crucen contigo.»

Sonreír alivia las cargas, suaviza las asperezas, aligera el dolor. Háganlo aunque no les nazca. De esta manera, una sonrisa será un acto de generosidad que arranque de Dios muchas gracias.

¿Qué pasaría si frente a los **defectos** y **errores** diarios reaccionaran siempre con

amabilidad?

2. Paciencia

El amor es paciente[82]. Podríamos decir incluso que el sello del verdadero amor es la paciencia.

No hay que confundirla con la resignación, que consiste no hacer nada para combatir un mal, cruzarse de brazos y simplemente dejar que siga su ritmo y crecimiento.

Paciencia, en cambio, es esperar que el bien triunfe, después de haber hecho todo lo posible para combatir un mal, con la paz de quien sabe que más allá de sus propias fuerzas actúa la gracia de Dios.

Externamente podrían parecer iguales. Pero la diferencia está en la disposición del corazón a buscar el bien, aunque el último recurso sea muchas veces la espera paciente.

Todo acto de amor es como una semilla que se siembra. Nos encantaría que diera frutos de manera inmediata, pero la realidad es que conlleva tiempo. Y esa espera es preciosa también para hacer que el amor crezca.

La paciencia genera paz. Muchas veces es precisamente esa paz la que el otro necesita para combatir sus defectos.

Vivan con paciencia en su matrimonio, aceptándose como son, pero ayudándose mutuamente a superarse con la fuerza de un amor enraizado en Dios.

Eso sí, cuando tengan la posibilidad de hacer algo más, ¡no dejen de hacerlo!

---

[82] Cf. *1Cor* 13,4

3. Creatividad

El amor es creativo. De hecho: ¡sólo el amor crea!

La creatividad consiste en dejar que el corazón hable, en no querer tenerlo todo siempre controlado, en permitirse la espontaneidad, las risas tontas, los planes inesperados.

No radica en tener una imaginación desbordante y hacer cosas distintas cada vez. Un matrimonio creativo es aquél que no se queja de todo lo que les pasa, sino que aprovecha cada circunstancia para hacer crecer el amor.

El amor creativo se desborda en detalles. Desde los más ordinarios, hasta los más audaces. Desde los más tradicionales hasta los más ingeniosos. Desde los más repetidos, hasta los más inusuales.

4. Sencillez

Todos tenemos dramas. Pero creo que la mayor catástrofe de la vida es encontrar tragedias donde no las hay. ¡Seamos sencillos!

Lo mejor de la vida es gratis. No se trata de hacer cosas extraordinarias siempre, sino de disfrutar lo que algún día podría no existir. De vivir cada día como si fuera el último.

Pregúntense con sinceridad hace cuanto que:

- No se sonríen cuando se despiertan.
- No dedican un desayuno sereno y en paz a platicar entre ustedes.

- No dan gracias a Dios por otro día en su matrimonio.
- No dan un paseo por un parque.
- No se agarran de la mano mientras ven una película.
- No contemplan juntos un cielo estrellado.
- No se ven a los ojos durante más de un minuto.

Una de las frases que más me ha ayudado de la Palabra de Dios es la siguiente: «Dios hizo sencillo al hombre, pero él se complicó con muchas razones.»[83] Basta mirar cómo se asombra un niño con las cosas más simples y cómo nos hartamos los adultos con los placeres más refinados.

[83] *Ec* 7,29

¡Lo mejor de la VIDA es GRATIS!

5. Generosidad y bondad

¿Quieren que su matrimonio sea el mejor de todos? Simplemente asegúrense de que lo que cada uno da, sea más de lo que recibe. ¡Y háganlo con bondad!

Vamos a ponerlo en números: si tu recibes uno, asegúrate de dar dos[84]. Si recibes tres, da, al menos cuatro, pero si puedes, más. Imagínense que vivieran así. Su amor se convertiría en una "competencia" de dar y dar, donde los únicos beneficiados serían ustedes.

La generosidad es no conformarse con lo justo. Consiste en ver e ir más allá de lo que "debe" de ser.

Lo más hermosos de todo es que cuando se da, no se resta, ¡se multiplica! Por eso las personas generosas son las más ricas y felices. En cambio, las egoístas terminan amargándose.

Madre Teresa dijo: «Al darle a alguien todo tu amor nunca es seguro que te amarán de vuelta. No esperes que te amen de vuelta; solo espera que el amor crezca en el corazón de la otra persona, pero si no crece, sé feliz porque creció en el tuyo».

Me ha impresionado la historia del actor Jim Caviezel, casado desde 1996 con Kerri Browitt. Han adoptado tres niños chinos. Todos ellos con cáncer. Su actitud ante la vida no es la de quien simplemente recibe. No por nada la pareja siempre aparece sonriendo. No por pose, sino por su manera de vivir.

---

[84] Cf. *Mt* 5,41

Por si fuera poco, los efectos positivos de la generosidad y la bondad han sido comprobados por la ciencia.

John y Julie Gottman (psicólogos), hicieron un amplio estudio con parejas para comprender los principales motivos del éxito o fracaso de sus matrimonios[85].

Después de estudiar por largo tiempo a más de 130 parejas llegaron a la conclusión de que la generosidad y la bondad son fundamentales para la felicidad y perseverancia de un matrimonio.

Los cónyuges que respondían con generosidad creaban un ambiente de admiración mutua y de gratitud por cada detalle. Los que no, construían un ambiente basado en la insatisfacción y sobre exigencia, donde la mayor parte del tiempo se resaltaban los defectos del otro y se hacían menos sus cualidades.

La bondad y la generosidad no son simples buenos deseos, han de hacerse realidad en pequeñas dosis día a día: elogios, interés por las cosas del otro, evitar reclamos innecesarios, centrarse en lo que la otra persona hace bien...

7º Perdón incondicional

Quien no perdona se parece a una persona que va cargando con una mochila llena de piedras. No tiene sentido llevarla. No le aporta nada. Al contrario, le

---

[85] https://www.religionenlibertad.com/vida_familia/40467/si-soy-generoso-y-bueno-con-mi-conyuge-mi-matrimonio-durara.html

hace pesada su vida y la de los que le rodean. Además, le debilita, le hiere.

No pierdan el tiempo guardando rencor. Déjenlo ir tan pronto sea posible.

Aprendan a perdonar siempre, recordando que muchas veces nosotros mismos hemos necesitado el perdón.

No dejen jamás que el orgullo venza al amor. Las ofensas duelen, eso es cierto. Pero el amor que perdona es capaz de sanar cualquier herida, por más fuerte y profunda que ésta sea.

Además, si lo pensamos fríamente, ¿no es cierto que tenemos más ocasiones de ser perdonados que de perdonar a los demás?

Una persona que perdona es aquella que se reconoce como lo que es: débil y pecadora como cualquier otra. «Tal vez yo, más adelante, necesitaré el perdón que hoy tengo la tentación de negarle al otro».

¡El amor que perdona es capaz de sanar cualquier herida!

Misericordia

El matrimonio es como un juego de cartas. Nosotros elegimos jugar, qué jugar y con quién jugar. Incluso escogimos el mazo de cartas. Pero lo que no elegimos son las cartas que se nos reparten. A veces recibiremos manos que nos gusten; otras, que no. Pero eso no impide que nos esforcemos para ganar.

Ustedes eligieron casarse y con quién hacerlo. Ya no les toca elegir qué es lo que va a suceder o cómo se va a comportar el otro. Sin embargo, lo que siempre pueden seguir eligiendo, es responder con misericordia frente a toda circunstancia.

La misericordia es la actitud del que abraza las miserias del otro con los brazos de su corazón. Las acoge ahí. Las guarda. Incluso las protege de los demás.

Siempre me he imaginado que cuando el hijo pródigo volvió a la casa de su padre[86], éste cubrió con su manto el cuerpo llagado y sucio de su hijo para que los demás no lo vieran.

Algo así tiene que suceder en el matrimonio. Todos estamos llenos de heridas y miserias, pero la manera de tratar con ellas no es anunciándole a los demás lo que debe permanecer entre ustedes. Más bien, se han de acoger con ternura y cubrir con amor.

Sin misericordia, un matrimonio feliz es simplemente imposible.

---

[86] Cf. *Lc* 15

¡Abraza las miserias del otro con *los brazos* de tu **corazón**!

Una elección, no un sentimiento

Perdonar no es dejar de sentir. Tal vez por eso nos cuesta tanto hacerlo. Pensamos que para perdonar una ofensa, ésta debe dejar de dolernos. Pero no es así; de hecho, el perdón se hace tanto más necesario, cuanto el sufrimiento por una ofensa es más intenso.

Madre Teresa aseguraba que «el perdón no es un sentimiento sino una acción voluntaria». Por eso puede darse aún en medio de las lágrimas.

Se trata de elegir el amor por encima del odio, el bien por encima del mal, la caridad por encima de la venganza. Es querer devolver bien por mal.

El perdón no cicatriza inmediatamente las heridas, pero es el inicio de su sanación. Haciéndolo obtendrán paz en su alma y la tendrá el que ofendió.

No lo elijan únicamente con sus propias fuerzas. Miren hacia arriba, y pídanselo a Dios.

El papa Francisco asegura que «el perdón es un regalo especial de Dios que cura nuestras heridas y nos acerca a los demás y a él. Gestos pequeños y sencillos de perdón, renovados cada día, son la base sobre la que se construye una sólida vida familiar cristiana.»[87]

---

[87] https://www.vaticannews.va/es/papa/news/2018-08/viaje-apostolico-irlanda-testimonio.html

¡Elijan el amor por encima del odio, el bien por encima del mal, la caridad por encima de la venganza!

8º Cariño

Con cinco años, «entré a casa, en el comedor. Mi papá llegaba del trabajo. En ese momento vi a mi papá y mi mamá besándose; no lo olvido nunca, jamás. ¡Qué cosa tan hermosa, cansado del trabajo, mi papá y mi mamá tuvieron la fuerza de expresarse el amor! Que sus hijos los vean así, acariciándose, abrazándose, besándose, porque así sus hijos aprenden este dialecto del amor.»

Eso lo dijo el papa Francisco[88], un hombre que sabe lo que es importante.

Nunca me ha dejado de impresionar la petición de San Pablo: «Saluden a todos los hermanos con un beso santo»[89]. Y si esto lo afirmó en general, ¿qué podríamos esperar que dijera a los matrimonios?

El cariño es fundamental para poder sentirse amados. Si en su matrimonio no hay gestos de cariño como abrazos, caricias, besos, etc., ¿cómo podría el otro sentirse querido?

Somos cuerpo y alma. No basta sólo con saber que amo a la otra persona, se lo tengo que expresar a través de mi cuerpo. No hay otra manera de manifestar el cariño sino a través de lo corporal[90].

---

[88] Durante su visita a la pro-catedral de Dublín, 25 de agosto de 2018.

[89] *1Tes* 5,26

[90] «En efecto, el cuerpo, y sólo él, es capaz de hacer visible lo que es invisible: lo espiritual y lo divino.» SAN JUAN PABLO II, *Teología del Cuerpo* 19,4

Aquí entra también la importancia de las relaciones conyugales, así como de todo gesto de aprecio que pueda exteriorizar el amor.

En todo hogar, respetando temperamentos y tradiciones, debería de haber cada día más abrazos, besos y caricias. Lamentablemente la rutina a veces arrastra a lo contrario. Por lo que el cariño es también una decisión, una virtud: elegimos manifestar el amor que nos tenemos.

¡Cuántas veces llegan a su casa después de un día duro necesitados de un buen abrazo, una palabra de aliento o un beso cariñoso!

Algunos afirman que incluso es hasta medicinal. Abrazarse por solo veinte segundos reduce la presión arterial y aumenta la oxitocina, una hormona que alivia el estrés. Los abrazos reducen el riesgo de enfermedades del corazón. Y está más que comprobado que cuando un bebé llora a veces lo único que está pidiendo es un abrazo, ¿no sucederá lo mismo con los adultos?

En todo
Hogar
debería haber
cada día
más abrazos,
besos y caricias.

La importancia de los detalles

Quiero incluir en este apartado la importancia de los detalles. El amor es detallista en su más pura esencia.

La vida a veces nos impone un ritmo brutal. Insensiblemente nos dejamos arrastrar por las actividades, dejando de lado el cultivo de las relaciones interpersonales.

Un remedio a esta crisis es tener muchos detalles a lo largo del día. Aquí les van algunos ejemplos:

- Un buenos días con una sonrisa y un beso cariñoso.
- Adelantarse a preparar el desayuno.
- Dejar más arreglada la propia ropa para que el otro no tenga que trabajar de más.
- Abrazarse antes de ir a trabajar.
- Mensajes de texto a lo largo del día con frases llenas de amor.
- Una llamada sólo para saludar.
- Cocinar lo que le gusta a él o llevarla a ella a su restaurante favorito.
- Un ramo de rosas y/o una caja de chocolates, ¡sí, eso es clásico y nunca falla!

En fin, para un corazón enamorado todo se vuelve una oportunidad de manifestar su amor.

9º Comunicación

Hace poco me contaron el siguiente chiste: resulta que dos abuelos llevaban varias décadas de casados. Él era una persona espontánea, dicharachera, de esas que se ríen a carcajada abierta. Ella, en cambio, más serena, callada, introspectiva. Ese día a primera hora habían tenido un altercado, y la abuela reaccionó con su respuesta habitual: el mutismo. La mañana transcurrió en silencio. Durante la comida no habló ni una palabra. La televisión llenó el vacío durante la tarde. Y la cena también fue igual de silenciosa. El abuelo intentaba sacarle una palabra, pero nada salía de ella. No era normal que durara tanto tiempo. Ya para acostarse, al abuelo se le ocurrió una idea. Con ademanes llenos de aspavientos abrió el primer cajón de su cómoda, sacando toda la ropa y tirándola en la cama. Luego hizo lo mismo con el segundo y el tercero. Cuando ya se acercaba al cuarto, la abuela rompió el silencio: «¿Se puede saber qué diablos estás buscando?» Él le respondió con una sonrisa: «¡Eso, precisamente eso! ¡Tu voz, querida!»

En el matrimonio se tiene que hablar, hablar, hablar. ¡Estoy convencido de que más del 90% de los problemas de un matrimonio vienen por la falta de comunicación! ¡Esto es fantástico, pues significa que el 90% de las soluciones vienen por una adecuada comunicación!

No estoy diciendo que se trata de platicar sin motivo. Sino de hacerlo para comunicarse. Para lograrlo, su comunicación ha de contar con las siguientes cuatro características:

1. Sincera

Si no hay sinceridad, simplemente no hay comunicación. Se vuelve una colección de palabras sin contenido.

Esto me quedó claro cuando un amigo me aseguró que él nunca le mentía a su esposa, pues mentirle a ella era mentirse a sí mismo.

La sinceridad conlleva arrancarse cualquier máscara que quisiéramos usar. Es verdad, a veces no nos gusta lo que hemos hecho o en quiénes nos hemos convertido. ¡No importa! El amor es incondicional, y aunque sea difícil, todo se puede superar con él.

2. Constante y clara

Cuando los primeros europeos llegaron a Australia preguntaron a un grupo de aborígenes el nombre de un extraño animal que habían visto. Ellos respondían: «Can garú», que significa *no sabemos.* Hasta el día de hoy se ha quedado ese nombre.

No basta con que la comunicación sea sincera. También debe ser clara: que se entienda lo que se quiere decir.

Parece sencillo, pero la diferencia de edad, cultura, sexo y experiencias familiares hacen que muchas veces se complique.

Igualmente, tiene que ser constante, pues no basta con hablar de vez en cuando. La comunicación debe hacerse diariamente, si bien no a diario se le debe dedicar la misma cantidad de tiempo ni profundidad.

3. Con un emisor, receptor y mensaje

Parece tonto decirlo, ¡pero qué cierto es! Para que haya comunicación se requieren tres elementos:

1. Emisor: alguien que comunique.
2. Receptor: alguien a quien se comunique.
3. Mensaje: qué comunicar.

Si falta alguno de los tres, ¡no hay comunicación!

Cuántos problemas se generan porque supuestamente *te dije esto y aquello,* pero el otro no se acuerda. Probablemente sí hubo un emisor y un mensaje, pero faltó el receptor, que tal vez estaba pensando en otra cosa o distraído en una tarea.

Un consejo muy práctico: si tienen algo importante que decir, no lo digan mientras van manejando, cuando ella se está arreglando o cuando él está en el celular o la televisión. A conceptos importantes, momentos dedicados claramente a ello.

4. Íntima: habla desde los sentimientos

Finalmente, la comunicación debe de ser profunda: ¿qué llevas y qué llevo en el corazón?

Entonces, ¿cómo hemos de actuar? ¡Comunicando y recibiendo los sentimientos, sin juzgarlos!

Con frecuencia, sobre todo los varones, ocultamos lo que sentimos por vergüenza o por un falso concepto de fortaleza.

Pero si queremos conocernos y que nos conozcan, debemos aprender a expresar y a escuchar los sentimientos. Esto no se logra en pocos minutos ni tampoco es una conquista de una vez para siempre. Conlleva mucho tiempo y esfuerzo.

Requiere un ejercicio constante y consciente de escucha, diálogo y misericordia. Les recomiendo lo siguiente:

- Tengan al menos un encuentro a la semana para comunicarse cómo están. No hablen de los hijos, la política, el trabajo, los suegros, etc. ¡Digan qué se encuentra en su corazón!
- Háganlo en un lugar cuyo ambiente se preste, y con el tiempo necesario para ello.
- No expresen ni hagan nada para atacar al otro, sino sólo para mostrar cómo se sienten.
- Pacten no juzgar lo que se dice, sino acoger el sentimiento. Ya habrá tiempo después para solucionar los problemas. Por ahora, dedíquense a acogerse sin condiciones, intentando ponerse en los zapatos del otro.

Si necesitan un apoyo práctico para profundizar más en la comunicación, les ofrezco la serie de videos Dialogan2. La idea es que puedan tener un encuentro semanal de diálogo sobre diversos temas del matrimonio. Cada video dura unos cuantos minutos y contiene en la descripción una guía de preguntas para poder profundizar en pareja.

Pueden encontrarlos aquí:

http://bit.ly/dialogan2

¡En el

matrimonio

se tiene que

hablar,

hablar,

hablar!

10º Descansar y divertirse juntos

Siempre me ha llamado mucho la atención la escena donde Jesús ve tan cansados a sus discípulos que les dice: «Venid también vosotros aparte, a un lugar solitario, para descansar un poco»[91].

Me encantan los matrimonios que son tan humanos que siempre buscan cualquier pretexto para divertirse y descansar juntos. ¡Es indispensable! ¡Todos necesitamos de esos espacios!

Una salida a caminar por la tarde, un paseo durante el fin de semana, una agradable sobremesa, una buena siesta, una rica comida, un buen momento de karaoke, un concurso de chistes malos, una película de comedia, una escalada, una subida al monte en bicicleta... ¡Hay tanto que se puede hacer!

Muchas veces es en esas oportunidades donde surgen las conversaciones más profundas, se derrumban muros que parecían infranqueables y se unen más los corazones.

El matrimonio se encuentra bajo mucha presión frente a la sociedad, y este cambio de actividades en pareja puede ayudar a combatir el estrés familiar.

¿Cuánto tiempo de calidad comparten? ¡Ojalá cada día más!

---

[91] *Mc* 6,31

Trabajando nuestros medios de crecimiento matrimonial[92]

1. Escriban una oración que sea solo suya para rezarla a juntos cada día.

2. A lo largo de esta lectura han recibido muchas luces. En base a ellas, hagan juntos un sencillo plan de vida matrimonial que los ayude a mejorar su vida de pareja con relación a un crecimiento espiritual mutuo.

¿Cómo hacer un plan de vida? Les propongo este esquema, pueden modificarlo para que se adapte mejor a sus necesidades.

[92] Descarguen esta dinámica en: www.padreadolfo.com/cjrecursos

• Queremos ser un matrimonio que viva (escojan **un** medio de crecimiento matrimonial **o una** línea de espiritualidad):

• Ahora elijan qué acciones van a hacer para vivirlo y cuándo las harán:

CONCLUSIÓN: Comenzar a vivir el Cielo en la Tierra

La vida está llena de sorpresas. Diría que las más de las veces las cosas no resultan exactamente como las planeamos.

Pero tengo una certeza: suceda lo que suceda, si lo vivimos de la mano de Dios, nos puede acercar a Él y a los demás.

Cuando los ingleses introdujeron el golf a la India se encontraron con un problema: los monos agarraban las pelotas, jugaban un rato con ellas y luego las tiraban. Para evitar esa intrusión intentaron subir las paredes que cercaban los campos: los monos las saltaban. Los atrapaban y encerraban: llegaban otros monos. Hicieron ruidos de fieras: pronto se daban cuenta de que eran falsos. Por fin, aceptaron la realidad: el turno comenzaría donde el mono dejara la pelota. A fin de cuentas, lo importante era jugar y divertirse.

Su matrimonio estará lleno de aventuras. No pretendan controlarlo todo. No permitan que los defectos, errores y debilidades del otro les arrebaten su felicidad. Más bien, céntrense en lo que es esencial: llegar juntos al cielo.

Lo más importante de la vida es saber qué es lo más importante. Escribo con toda conciencia esta frase aparentemente redundante. Y es que la vida pasa rápido, apenas un suspiro. Por ello tenemos que vivirla con toda la intensidad posible, dirigiéndola adecuadamente.

Espero que a lo largo de estas páginas hayan encontrado una manera nueva de vivir su matrimonio. Tomen lo que Dios les pida, y dejen de lado el resto. ¡Miren hacia arriba, y decídanse a hacer todo lo que puedan para ser felices! ¡La meta es el cielo!

En pocas palabas: ¡sean lo que deben ser!

Si ustedes no encienden el mundo con amor, ¿quién lo hará? Si no lo hacen ahora, ¿cuándo lo harán?

Los consejos y temas podrían ser infinitos. Les dejo con una frase de la Palabra de Dios que lo resume todo:

«Hermanos, todo lo que es verdadero, noble, justo, puro, amable, laudable, todo lo que es virtud o mérito, tenedlo en cuenta. Y el Dios de la paz estará con vosotros.»[93]

[93] *Fil* 4,8.9b

Lo más importante de la vida es saber qué es lo más importante.

LA VOCACIÓN AL

REGNUM CHRISTI

http://www.padreadolfo.com/cjepilogo

EPÍLOGO

El misterio de Cristo es tan inmenso que ninguna persona ni institución podrá jamás agotarlo.

Es por eso que en la Iglesia existen tantos carismas. Cada uno de ellos es una manera de vivir el cristianismo, resaltando ciertos aspectos de la imitación de Cristo.

Cuando la gente me conoce, suele preguntarme que en qué parroquia trabajo. Les respondo que en ninguna. ¿Y entonces?

Soy un sacerdote perteneciente a la *Legión de Cristo*, una orden religiosa cuyo carisma comparte con la familia espiritual llamada *Regnum Christi*. A través de ella he recibido muchos regalos, y soy testigo también del bien que ha realizado en cientos de matrimonios. Es por eso que hoy quiero presentársela a ustedes.

Abierto a todos

El *Regnum Christi* está abierto a todos los fieles católicos sin distinción: hombres o mujeres, jóvenes o adultos, de cualquier estado de vida y condición social.

Sus miembros quieren hacer presente a Cristo en medio del mundo y buscan transformar evangélicamente las realidades humanas, especialmente su vida familiar, profesional y social[94].

Propone un cristianismo activo y entusiasta en el amor, con un estilo de vida que ayude a vivir los compromisos bautismales y realizar la misión de ser levadura cristiana en el mundo[95].

Los medios con los que cuentan sus miembros van dirigidos a ayudarles a desarrollar su vida espiritual, formación y apostolado. Se lleva a cabo con un cercano acompañamiento personal, al estilo de Jesús con sus apóstoles.

La misión del Regnum Christi

Los miembros del *Regnum Christi*[96] buscan ardientemente establecer y extender el Reino de Cristo entre los hombres.

Abren su corazón para dejarse penetrar por la caridad de Cristo hacia la humanidad, vivificando así su celo apostólico en el contacto íntimo con Él. Anhelan que Cristo conquiste su propia alma, la de sus familias y de las de todos aquéllos que los rodean.

Su lema es: «Cristo Rey Nuestro: ¡Venga tu Reino!». En él expresan su deseo de ser, al estilo de San Pablo, sobrenaturales en sus aspiraciones, magnánimos de cora-

---

[94] Cf. *Reglamento de los Fieles Asociados a la Federación Regnum Christi* (a partir de ahora sólo *Reglamento*) n. 1, §3.

[95] Cf. *Reglamento* n. 2

[96] Cf. *Reglamento* n. 9

zón, audaces en la entrega, tenaces ante las dificultades, prácticos y eficaces en la acción; buscando la transformación del mundo en Cristo.

¿Cómo lo hacen?

Toda vocación implica una respuesta a un llamado. Ello trae consigo un cambio de vida. ¿Qué es lo que los miembros del *Regnum Christi* eligen vivir? [97]

Lo primero y más importante es que buscan un encuentro diario con Cristo en la oración y los sacramentos.

De ahí sacan la fuerza para ser testigos de Él en las diversas circunstancias de la vida, asumiendo como primera prioridad su vida familiar y sus deberes de estado. Tienen en la Palabra y en el Magisterio de la Iglesia una luz para avanzar por este camino.

Al saberse tan amados por Cristo, comparten este amor saliendo al encuentro de las personas en las realidades concretas de su vida para anunciarles el Evangelio. Esto se hace en los lugares de todos los días: la vida pública, cultural, económica, política, académica y social.

Un rasgo característico del carisma del *Regnum Christi* es que sus miembros quieren despertar el compromiso apostólico de los diversos líderes del mundo actual, para que vivan con mayor coherencia sus convicciones éticas y religiosas. Lo hacen en el contacto personal, y emprendiendo y participando, según las posibilidades, en iniciativas y obras apostólicas.

[97] Cf. *Ibid*

Al tratarse de una familia dentro de la Iglesia y para la Iglesia, participan en la vida parroquial y diocesana, aportando a la Iglesia local el carisma del *Regnum Christi.*

Una vocación

Cristo está en el origen de toda vocación cristiana. Es Él quien llama. Tal vez en ustedes ha resonado ese llamado a seguirle a través de este camino, continuando por él esa historia iniciada en el bautismo, y cuya trama se va entretejiendo a través de cada nuevo «sí» al amor de Cristo.

El *Regnum Christi* es, ante todo, una verdadera familia espiritual en la Iglesia.
¡Por eso todos son bienvenidos!

Si les interesa saber más de esta vocación, pueden encontrar información en:

Web: www.regnumchristi.org

Instagram: regnumchristi

Twitter: @Regnum_Christi

YouTube: https://www.youtube.com/user/regnumchristi

Mail: inforecursos@regnumchristi.org

RECURSOS

- En la página www.padreadolfo.com/matrimonios encontrarán varios recursos que les servirán para crecer en su matrimonio.
- Curso en Udemy, «Los cuatro principios para un matrimonio ideal»: https://bit.ly/udemypadolfolc
- Serie de videos para que puedan tener un encuentro semanal de diálogo sobre diversos temas del matrimonio. Cada video dura unos cuantos minutos y contiene en la descripción una guía de preguntas para poder profundizar en pareja:
  http://bit.ly/dialogan2
- Otros libros del Padre Adolfo:
  https://amzn.to/2wL7Ibo
- Podcast Amar Más: https://spoti.fi/2IGSiI2
- Más recursos del Padre Adolfo:
  www.padreadolfo.com
- Encuentra cursos y múltiples recursos
  www.familiaunida.org

del

P. Adolfo Güémez Suárez, L.C.

Se terminó de imprimir
en el mes de diciembre de 2020
en los talleres de
Servimpresos del Centro, S.A. de C.V.,
Hortelanos 505, Col. San Luis,
Aguascalientes, Ags., México

LA EDICIÓN CONSTA DE
1000 EJEMPLARES

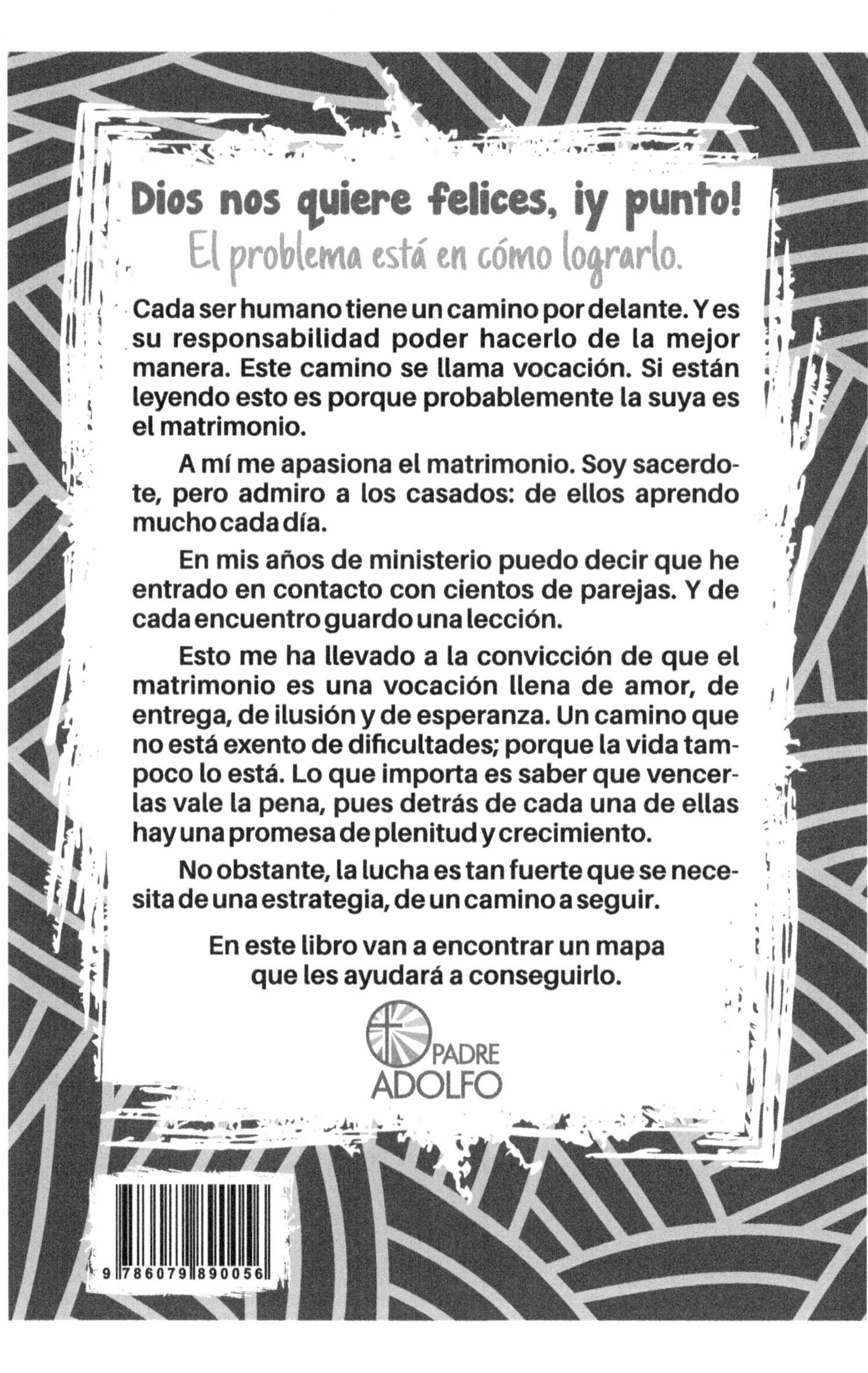

Dios nos quiere felices, ¡y punto!

El problema está en cómo lograrlo.

Cada ser humano tiene un camino por delante. Y es su responsabilidad poder hacerlo de la mejor manera. Este camino se llama vocación. Si están leyendo esto es porque probablemente la suya es el matrimonio.

A mí me apasiona el matrimonio. Soy sacerdote, pero admiro a los casados: de ellos aprendo mucho cada día.

En mis años de ministerio puedo decir que he entrado en contacto con cientos de parejas. Y de cada encuentro guardo una lección.

Esto me ha llevado a la convicción de que el matrimonio es una vocación llena de amor, de entrega, de ilusión y de esperanza. Un camino que no está exento de dificultades; porque la vida tampoco lo está. Lo que importa es saber que vencerlas vale la pena, pues detrás de cada una de ellas hay una promesa de plenitud y crecimiento.

No obstante, la lucha es tan fuerte que se necesita de una estrategia, de un camino a seguir.

En este libro van a encontrar un mapa que les ayudará a conseguirlo.

PADRE ADOLFO

9 786079 890056

Made in the USA
Coppell, TX
23 June 2021